# 律師帶你看校園大小事

老師和家長必知的44個霸凌防制和性平觀念指南

Kitty Mao
毛律師 著

# 教育現場專家與實務工作者聯名推薦

（依姓名筆劃排列）

　　毛律師長期處理校園霸凌與性平事件，將其豐富的處理經驗轉化為防制指南，提供學校第一線教師與行政人員有效處理校園事件的重要參考，並且協助家長了解霸凌與性平事件的構成要件及程序，一起營造友善的校園環境。

桃園市公埔國小校長

**林來利**

　　由於自我意識覺醒，霸凌和性平是目前學校最關注的兩件事，我們觀察到兩個現象：第一，不少學生和老師常在無意識下，觸犯這兩大問題；第二，很多家長和學生搞不清楚霸凌的定義，將日常摩擦或人際關係的問題無限上綱到霸凌事件提告。

　　在學校中，教師、家長和學生因為對法規的不清楚，而造成彼此信任關係和職場氛圍的破壞，這對教育工作絕對是負面的。這本書以最直接的個案和最清晰的法律觀點，幫助我們提高霸凌和性平的法律意識，值得所有教師、家長，甚至學生閱讀。

高雄市立高雄高級中學校長

**莊福泰**

〈專文推薦〉
# 老師能有依循、家長能有方向、校園能更安全

《遊戲化教學的技術》等書作者、
簡報與教學教練、
F學院創辦人

**王永福（福哥）**

參加毛律師的校園講座後，我驚訝發現：原本生硬的法條與規定，例如「性平三法」、「不當管教」、「校園霸凌」等，被毛律師轉化為一個又一個真實的案例，讓老師們參與其中的決策、選擇、甚至搶答，讓每一個老師都精神奕奕、全心投入。

看一下時間，現在是下午三點！不是說下午大家精神會比較萎靡嗎？為什麼參與研習的老師們都還是那麼投入？而且都帶著笑容點著頭，因為毛律師分享的案例與做法，就是老師們日常最需要的法律知識，而且又是能讓人秒懂的教學方式。不誇張地說，就連不在教育現場第一線的我，也完全能理解老師在校園中必須遵守的法律規定，以及因應之道。這次來旁聽這場「校園法律講座」，真是讓我印象深刻，也太有價值了！

幾年前，我會注意到毛律師精彩的校園講座，是因為她總是不吝提

及：她使用的是我在《教學的技術》裡提到的教學技巧。我也注意到她總是熱心助人，總是騎著一台小摩托車跑來跑去，分享的足跡遍及偏鄉與離島，那時心裡也好奇：律師不是應該忙著承接案件、在法院出庭？為什麼會經常在校園演講？

後來有機會更認識毛律師，才知道她不只在校園宣導法律觀念，也曾協助遇到法律問題的老師，維護自身的權益。原因只是她「看不下去」，主動伸出援手。這種俠女性格實在太令人尊敬了！因此，我主動連繫毛律師，希望能為她與其他法扶律師，開設一門研習課程，讓大家未來在教學技術與遊戲化教學實務上，能有更熟悉的應用。上完課後，毛律師的校園講座似乎又持續演化，變得越來越厲害、越來越精彩了。透過臉書的演講照片紀錄，我能看到這些改變。身為毛律師的教學教練，我也深感榮幸。

不過這樣的改變，也造成了一些困擾，就是毛律師的講座越來越熱門，甚至一年前預約都還排不上。先暫且不論這對毛律師本人造成的負荷，有許多老師與家長們也都殷殷期待，希望早日有機會能被列入演講的候補名單。當然這樣下去也不是辦法，所以毛律師有了出書的念頭，希望讓更多老師以及家長能更清楚的透過文字，了解校園霸凌、管教、性平等法律知識與相關個案，幫助老師能有依循、家長能有方向、校園能更安全。在我知道毛律師的出書計畫後，很高興能盡一臂之力，因此安排毛律師與出版社接觸，也在毛律師的努力筆耕之下，一年後本書終於問世。

那天我參與旁聽的教學現場，身在其中，我比大多數人都清楚毛律師要做到這麼精彩的教學，背後需要多少的投入與付出。同樣身為多本書的作者，我也比大多人都了解要把心中的知識轉為文字，絕不是一蹴可幾的簡單事情，需要花費許多的時間、精力、耐心無比的投入，才會有這本書

的問世。在看這本書《律師帶你看校園大小事：老師和家長必知的 44 個霸凌防制和性平觀念指南》時，我總是能想像：毛律師騎著小摩托車，在不同的地方為老師家長權益奔走時的樣子。那是一種熱情、使命、付出，與不計代價的投入，也是對老師、家長、以及孩子的一種愛與關懷。

謝謝毛律師，有你真好，有這本書真好。我誠摯推薦！

〈專文推薦〉

# 關心教育、孩子校園生活環境的你，不可缺少的法律專業書籍

傳勝律師事務所主持律師

呂丹琪

我與毛律師邂逅於教育部擔任培訓講師時，毛律師永遠都是隨身帶著筆電，而且笑容滿面、充滿活力，即使深夜講師群會議，毛律師永遠都是精力充沛、毫無倦容，更令人敬佩的是，在會議結束後，眾人都精疲力盡時，毛律師卻可以立刻將會議討論重點，製作成精美的簡報上傳群組，所以我都稱呼毛律師為「女神」。

毛律師對於擔任講師的課前準備，更是極緻要求完美，至今法律界無人能敵，毛律師會自行攜帶自製的各種精美課程道具，所到之處，總是場場名額秒殺，像是明星演唱會般瘋狂，很難想像「校園法律專業研習」，可以這麼親民、這麼受歡迎。毛律師就是這麼有魅力，光芒四射，令人難以抗拒，「女神」稱號當之無愧。

毛律師長期投入校園相關法規的研究，以及協助校園霸凌、性平、

校事會議的調查、調和的經驗，累積了非常多的實務案例。臉書粉專「律師帶您看校園裡的大小事」已超過四萬位粉絲追蹤，不定期分析實務案例，提供粉絲正確的法律觀念，嘉惠無數粉絲。本書以案例分析為主軸，透過個案說明校園霸凌的定義、類型、法規防制、預防及輔導、調和制度介紹及應用、校園性平事件、性霸凌定義等，每個案例分別從「毛律師來解惑」、「毛律師建議你」、「毛律師幫你抓重點」三個觀點，給予教育人員、家長、學生等讀者，正確的法律觀念，以及解決問題的方法，毛律師用平易近人的文字，解說深奧難懂的法律概念，最重要的是提供解決問題的方法，絕對是關心教育、孩子校園生活環境的你，不可缺少的法律專業書籍，相信透過本書的介紹，不但可以充實校園法規的法律專業知識，更可以在遇到校園紛爭時，手握正確的解決方法。是一本非常值得一讀再讀的好書。

〈專文推薦〉

# 讓更多孩子在祝福中平安長大

台北市家長協會常務監事、
國立教育廣播電台教育好夥伴節目主持人

**胡語姍**

在大環境快速變化的時代，父母的任務，除了關心功課成績、吃飽穿暖之外，教導孩子們如何自我保護以及學習人際互動，好像成了人生的日常課題。

我自從擔任教育部校園霸凌事件專業調和及調查人才庫的一員後，方才漸漸理解在 AI 世代，生活的熱情和同理心的傳遞有多麼不易，執行「修復式正義」的調查必須具備專業與耐性，在冗長且繁複的過程中，努力釐清案件中充斥的怨懟與不平，如何平復各種糾結、讓彼此覺得得到公平的感受與友善的對待，實屬不易，從檢舉文字和現場描述中，可以看到家長的不易、孩子的苦楚、老師的為難，甚至相關人員的壓力……這些難解的校園習題，無法隨著年齡增長、學層更替而消失，創傷反而會因為時間流轉而疊加。

在這個紛擾的時刻，得知毛律師出版《律師帶你看校園大小事：老

師和家長必知的44個霸凌防制和性平觀念指南》,讓親師生在關係中,有了喘息的機會,也看到了彼此同理的可能。

　　我很少看到一位律師這樣親力親為經營社群粉專,而且幾乎可以說是「日更」的頻率,加上屢屢蒞校的研習分享,豈不是天天都在處理這些校園負能量?看著毛律師運用各種角度的分析,可見她對於當事人間的這些委屈、甚至於難堪的處境,不僅觀察入微又深具條理,讓人有一種「交給你,我放心」的溫暖,非常推薦老師一定要好好體會其中的深意,更想邀請家長們一起共讀。其實無論是教學還是教養,縱然核心觀念依舊,但做法上必須因時制宜,而這場修煉行動正在陸續展開,相信在毛律師這本書的敘說裡,可以讓更多的孩子在我們的祝福之中平安長大。

〈專文推薦〉

# 為下一代的教育環境盡一份心力

高雄市第七屆性別平等教育委員會委員、

律師

**張銘峰**

　　與毛律師在校園性別、霸凌事件調查的多次合作經驗裡，毛律師不僅能迅速且簡要的抓到事件重點，對許多微小細節也能一一抽絲剝繭的釐清，時常在我們討論中，用著律師式的超高語速，對事件作出精確的事實認定及法律適用，同時也能感受毛律師在處理結果與建議中，展現對學生、家長與教師的溫情一面。

　　我也曾和毛律師在教育主管機關設置相關的性別或霸凌委員會中共事。在共事經驗裡，毛律師總是展現對校園議題的高度關注，本於她的專業及良知，提出適切的建議給予主管機關參酌。

　　除了案件調查與參與主管機關的議題研討外，毛律師更積極參與各項校園講演活動，及成立臉書粉專「律師帶您看校園裡的大小事」，將她寶貴的經驗無私分享。因此我們除了能在她的臉書粉專上，汲取最新的校園法律新知、案例分享、心得見解外，更能在粉專上見到我們江湖

敬稱的「毛神」：不計時間成本的巡迴講演到偏鄉的學校機關，所到之處聽眾無不積極參與，熱烈迴響反應。

這次答應推薦，一是基於對毛神的無私分享獲益良多，二是能就本書先睹為快，三是因為從事相關校園事件的處理經驗上，發現校園事件的防制及處理，已造成學校人員的負擔沉重。能有一本這樣的好書作為校園性別、霸凌事件的處理與防制指引，讓學校得以依循，並對學生、家長進行宣導與說明，更有助於建立一個友善、安全的校園環境。

本書精粹了 44 個情境化的案例說明，將複雜的法律條文，用簡白淺顯的方式說明，加上有條理的解釋、建議及重點綱要，不僅提供校園性別事件與霸凌事件的預防與應對方法，對從事校園事件的實務工作者，也是一本最新法律動向及快速、有效的參考指南。

經驗的累積需要時間，有智慧的人則從他人的經驗學習。您如果已跟上毛律師的粉專，本書能提供您最精要的案例彙整；您如果還沒認識毛律師或參與她的粉專，本書將能帶領您以最少的時間及資源，汲取最新的法律知識及最寶貴的經驗。

期望我們共同增能，為下一代的教育環境，盡一份心力。

〈專文推薦〉

# 建立一個更善意安全的校園環境

政治大學公共行政系助理教授、

教育部法規會委員

**莊國榮**

　　我和毛律師曾經多次一起擔任教育部校園霸凌相關研習的講師，目前也一起擔任教育部某些委員會的委員，我對毛律師的認真負責、充滿活力及優秀的專業素養，印象深刻。

　　我曾經參與過《教師法》、《校園霸凌防制準則》、《高級中等以下學校教師解聘不續聘停聘或資遣辦法》等教育法規的修法工作，深知重要法規修正後，一定要讓學校、教師、家長、學生了解新規定，才能有效落實新規定。可是要以淺顯易懂的方式講解法規，協助一般人了解，實在是很不容易的工作。

　　毛律師長期大量參與校園霸凌事件及性別事件的調查處理工作，也經常被邀請在學校或各種研習演講相關議題，可能是因為這些豐富的實務經驗，再加上她相當具有同理心，所以她很了解學校處理霸凌事件時，所面對的困難及盲點，也很了解家長面對孩子被霸凌時的焦慮及困擾。

此外，毛律師有一般法律人罕見的能力，很擅長以淺顯易懂的方式說明問題，並搭配大量簡明的圖表，使讀者更容易了解問題。

113 年 4 月 19 日修正施行的《校園霸凌防制準則》，對於師對生霸凌事件，有新的調查處理規定；對於生對生霸凌事件，也提供了更簡便可行的調和、調查和處理方式。新的規定實施超過一年，就已經展現了驚人的成效。學校、教師、家長及學生，如果能更了解新的規定，一定能更有效地處理校園霸凌事件。

毛律師這本書，對於學校、教師、家長及學生了解新的法規及具體運用，提供很好的協助。如果您有校園霸凌或性別事件相關的困擾，這本書應該可以提供您很好的協助。不過這本書不只可以幫助讀者知道在霸凌發生時，如何有效處理；也可以幫助讀者學習如何預防霸凌，建立一個更善意安全的校園環境，所以是一本非常值得閱讀的著作。

〈專文推薦〉
# 教育界與學生家長的互動守則

執業律師、

前屏東律師公會理事長

楊靖儀

　　近來校園法律議題，包括性平、霸凌、不適任教師及不當管教及體罰事件，層出不窮，且不時引發社會高度重視。曾有校長感嘆：「教育重心本來是辦學，怎麼變成辦案？」雖然有些自嘲意味，但也顯見這些法律議題成為校園治理極為重要一環。

　　因應大量校園法律事件，許多律師也積極投入，包括參與擔任第一線的調查，或以法律專家參與委員會，甚至進而受校方或學生方委任參與相關的民、刑事及行政訴訟。

　　在投入校園法治的律師中，個人覺得最特別、也最令人敬佩的是毛律師，她本諸從事公益奉獻的心念，以驚人的毅力獨自親為經營臉書粉專「律師帶您看校園裡的大小事」，非常勤奮介紹最新法院判決及校園法律時事，以絕佳的文筆深入淺出地解析困難複雜的法律問題，粉專更新速度之快，令人讚嘆！更感人的，除了法律之解惑及傳授正確解析，

毛律師還會幫讀者抓重點，提出具體之行為準則建議，讓讀者得以知法、遵法。

另外，毛律師以近似傳教士的熱誠，受邀至各學校演講，她採用獨特的互動式演講，讓學校同仁全心投入，寓教於樂，成為國內最受歡迎的講座！

我與毛律師長期在高屏地區執業，多年來我見她不忘初衷地投入校園法治觀念之宣導，個人甚為感佩，我身為鐵粉，平時大力向教育界推薦此粉專，受邀撰寫推薦文倍感榮幸！這本書很值得作為教育界與學生家長的互動守則。閱讀本書外，建議也要繼續追蹤毛律師的臉書，汲取最新的法律知識，感謝毛律師的奉獻與貢獻！

〈專文推薦〉

# 理解界線，不逾矩，避免遺憾發生

全國教師會高中職委員、

新竹縣各級學校產業工會理事長、

國立竹北高級中學（陽明交大附中）專任教師

**雷佳惠**

　　追蹤「律師帶您看校園裡的大小事」臉書粉專一段時間後，我首次與毛律實體相見，是在傳說中的日月潭——那場「三天兩夜不能睡、熬夜傷肝寫作業」的113年度教育部校園事件處理會議暨教師專業審查會調查及輔導人才庫研習。前兩梯次的「傳說」讓我們這批學員早有心理準備，知道這將是一場焚膏繼晷、挑燈夜戰的歷程。而我很幸運地被分配到由毛律擔任分組講師的第五小組。令人慶幸的是，毛律要我們早點睡，並保證隔天一定教到會。她以深入淺出的校園案例，普及法律概念，讓我們能夠快速理解、靈活應用。

　　在教育領域推動法治觀念的律師中，只有「毛律能超越毛律」——從創立臉書粉專、擔任教育部人才庫講師、主講校園研習，到如今出版書籍，她不遺餘力地透過各種管道，讓「守法、遵法」的概念深植校園。

校園並非法外之地,而是法律適用的重要場域。法普的目的,不僅是避免校園成員因不諳法規而踩紅線,更是為了實現和諧校園的終極目標。

近年來,人權意識抬頭,《兒童權利公約》入法後,校園輔導管教法亦相應修正。面對現今孩子如脫兔般的行為,教師應以正向輔導與管教為原則,而非沿用自身求學時代教師的舊有管教方式。試想,我們當年在課業上已經竭盡全力,卻因未滿一百分而被一分打一下,或在體能測驗時已拚盡全力,卻仍因秒數未達標準而被罰在烈日下跳青蛙跳,那份無奈與委屈,是否仍歷歷在目?我們應避免複製過去的經驗,以免不慎逾越紅線,進而構成不當體罰,甚至演變為校園霸凌。

本書對於「師對生」的體罰、霸凌與性平議題,堅持零容忍;而在「生對生」的校園事件中,則強調教育為最終目標,期望孩子能發展健全的身心並培養人際智慧。隨著社群媒體的興起,校園事件的樣態愈加多元,如何即時辨識與預防?本書透過44則案例,詳實解析校園事件的法律適用,並從受害者、加害者、家長、教師、校方等不同視角切入,深入探討校園衝突的關鍵點,提供解惑與建議,並反覆強調核心重點。

此書將助教育者從實例中理解法律適用範圍,學習如何運用建設性機制,以教育為出發點,預防問題、解決衝突、修復關係、減少創傷,共同打造和諧校園,並培養學生面對人際關係的智慧。校園中的每個人都是法律的適用對象,唯有共同理解界線,不逾矩,才能避免遺憾的發生。

誠心推薦此書!

〈自序〉

# 老師守法，孩子不受傷：用溫暖的法律，守護校園裡的每一個人

校園，應該是孩子快樂學習、安心成長的地方。但我在參與多起校園事件調查與法律輔導的過程中，看到太多令人遺憾的誤解與衝突。有時，是孩子之間不懂分寸的互動，演變成傷害；有時，是老師原本出於善意的舉動，卻在不知情中踩到法律紅線；有時，是家長急切想要為孩子討回公道，卻在資訊不明中感到無助與憤怒。

## 懂法律，是為了更好地愛孩子

我是律師，但我從不以審判者的姿態面對教育現場。我深信，絕大多數的校園問題，不是惡意造成的傷害，而是資訊不對等、制度複雜、溝通斷裂的苦果。我寫這本書，不為指責任何人，而是想為校園中的每一個靈魂——從風雨中守護孩子的老師、日夜牽掛的家長、肩負制度重擔的行政人員——提供一張清晰的法律地圖，讓我們能在同一片星空下，找到共同的北極星。這不是一本法律書，是一本希望孩子平安長大的書。

2023 年 8 月 23 日，是我人生的轉捩點。那天，參加教育部「校園事件處理會議調查及輔導人才庫」培訓時，聽見一個個真實故事在教室

迴盪：孩子的淚水、老師的無奈、家長的怒吼。這些不就是我日日面對的縮影嗎？那一刻，我明白了 —— 有時候，最危險的不是違法，而是不知道自己正在違法；最遺憾的不是沒有愛，而是愛的方式出了錯。

於是，我創立了臉書粉專「律師帶您看校園裡的大小事」，用平凡人的語言，講述法律背後的故事。讓老師知道界線在哪裡、讓家長明白權利如何維護、讓行政人員在人情與制度間找到平衡點。粉專目前已經累積超過四萬人追蹤，每一則貼文下的熱烈迴響，都在訴說著：我們同樣渴望一個既有規範、又有溫度的校園。這股共鳴告訴我，這條路不只值得繼續走下去，更需要我們攜手同行。

## 守住法律的界線，才守得住教育的本心

在少子化寒冬與社會高期待的烈日下，教職早已不再是單純傳道授業的旅程。昨日的「慣例」，今日可能變成讓老師失去一切的陷阱。法律的天秤，往往比我們想像的更精準、更不留情面。但也正因如此，我更渴望讓法律有血有肉、貼近人心。

有些錯誤，老師不是故意的；有些傷害，孩子卻真的會記一輩子。

這本書，獻給每一位站在教育第一線的勇者，獻給每一顆為孩子未來而跳動的心。我們將一起探索：霸凌的真正定義是什麼？性平事件該如何妥善處理？管教與處罰的界線在哪裡？什麼是真正的程序正義？我會用故事呈現法條，讓實務解析有溫度，讓你不必穿梭法律迷宮，也能找到答案。

不是責備,是提醒;不是對立,是同行。

教育的根本永遠是愛。而法律,不該是凍結這份愛的冰霜,而是讓這份愛更穩固的地基。讓我們攜手同行,在校園中找回溫度、守住底線,一起編織每個孩子心中真正安全又溫暖的成長記憶。

願每位老師,都能安心站在講台上。

願每個孩子,都能快樂走進教室。

你守法律,我守你;我們一起守住孩子的世界。

用法律溫暖守護教育現場的每一顆心。

——2025 年 6 月於高雄文化中心

# CONTENTS 目錄

教育現場專家與實務工作者聯名推薦（依姓名筆劃排列）     002

〈專文推薦〉
老師能有依循、家長能有方向、校園能更安全／王永福（福哥）     003
關心教育、孩子校園生活環境的你，不可缺少的法律專業書籍／呂丹琪     006
讓更多孩子在祝福中平安長大／胡語姍     008
為下一代的教育環境盡一份心力／張銘峰     010
建立一個更善意安全的校園環境／莊國榮     012
教育界與學生家長的互動守則／楊靖儀     014
理解界線，不逾矩，避免遺憾發生／雷佳惠     016

〈自序〉
老師守法，孩子不受傷：用溫暖的法律，守護校園裡的每一個人     018

## CHAPTER 1　霸凌？還是玩笑？     027

**1-1** 同學對我惡作劇，算不算霸凌？     028
──霸凌行為的關鍵特徵

**1-2** 只是開玩笑，也不可以嗎？     035
──玩笑與霸凌的界線

**1-3** 我不跟你要好了，就是排擠嗎？     040
──人際交友與排擠的區別

| 1-4 | 留言、轉發 IG 貼文，有這麼嚴重嗎？ | 047 |
|---|---|---|
| | ——網路霸凌的常見迷思 | |

| 1-5 | 我說的是事實，也不行嗎？ | 055 |
|---|---|---|
| | ——從真話演變為誹謗的關鍵 | |

| 1-6 | 我又沒有指名道姓，幹嘛對號入座？ | 061 |
|---|---|---|
| | ——不可忽視暗示性的霸凌 | |

| 1-7 | 只是想「保護」學生，為什麼反而害他被孤立？ | 066 |
|---|---|---|
| | ——關係霸凌的殺傷力 | |

| 1-8 | 體育場上的競爭，錯了嗎？ | 072 |
|---|---|---|
| | ——運動霸凌的具體表現 | |

| 1-9 | 我的口音不一樣，為什麼成了異類？ | 076 |
|---|---|---|
| | ——面對文化霸凌與被標籤的應對方法 | |

| 1-10 | 老師被學生惡意羞辱，只能忍嗎？ | 081 |
|---|---|---|
| | ——生對師霸凌規範及法律保障 | |

## CHAPTER 2　師生之間，誰踩了誰的線？　087

| 2-1 | 惡師違法處罰孩子，我該怎麼做？ | 088 |
|---|---|---|
| | ——師對生霸凌的應對機制及申訴管道 | |

| 2-2 | 一句善意提醒，卻換來檢舉投訴？ | 094 |
|---|---|---|
| | ——校事會議調查流程與法規 | |

| 2-3 | 老師長時間「冷處理」學生，也可能觸法？ | 101 |
|---|---|---|
| | ——持續性漠視學生的風險與影響 | |

| 2-4 | 我是在指導學生，怎麼會越界？ | 106 |
|---|---|---|
| | ——師生互動的法律紅線與行為規範 | |

| 2-5 | 師生戀，到底行不行？ | 111 |
|---|---|---|
| | ——違反師生專業倫理的嚴重後果 | |

## CHAPTER 3　學校，你在搞什麼飛機？　117

| 3-1 | 在安親班發生的衝突事件，學校也要處理嗎？ | 118 |
|---|---|---|
| | ——霸凌的適用範圍及場域 | |

| 3-2 | 教育局與學校互踢皮球？ | 123 |
|---|---|---|
| | ——案件處理的權責劃分與程序 | |

| 3-3 | 學校不受理我的檢舉，怎麼辦？ | 128 |
|---|---|---|
| | ——家長的權益申訴途徑 | |

| 3-4 | 為什麼學校不相信我？ | 133 |
|---|---|---|
| | ——蒐集證據的關鍵原則 | |

| 3-5 | 我可以要求霸凌者轉學嗎？ | 141 |
|---|---|---|
| | ——學校的輔導策略及替代方案 | |

| 3-6 | 不提出檢舉，學校就不會處理嗎？ | 146 |
|---|---|---|
| | ——過度調查的隱形代價 | |

| 3-7 | 校長為了剷除異己，故意召開調查「對付」我？ | 151 |

——教師對調查程序規範的誤解與應對之道

## CHAPTER 4　性別平等不是口號　　157

| 4-1 | 當性別刻板印象成為武器？ | 158 |

——解析性霸凌的多元樣態與法律界定

| 4-2 | 性霸凌不歸校園霸凌管？ | 165 |

——正確申訴途徑與處理程序

| 4-3 | 只是好意也可能越界？ | 170 |

——性騷擾認定標準

| 4-4 | 狼師出沒，小心！ | 177 |

——教師性騷擾情節重大的判斷依據

| 4-5 | 當老師成為學生的目標時？ | 186 |

——偷拍事件下的師生權益攻防

| 4-6 | 猥褻也算性侵害？ | 193 |

——性別事件中的常見誤解

| 4-7 | 遲到了 35 年的正義 | 198 |

——校園性平案件的追訴時效

| 4-8 | 王老師是色狼！ | 204 |

——性平通報義務與程序詳解

## CHAPTER 5　解決問題的一百種方法　209

**5-1** 你以為是善意提醒,其實是 4D 語言?　210
　　——打造親師互信的溝通策略

**5-2** 想用訴訟爭取權益,為何最後雙方都輸了?　216
　　——化解校園衝突新途徑

**5-3** 孩子被排擠孤立,調和能解決問題嗎?　222
　　——調和程序流程與適用情境

**5-4** 校方處理不當,找民意代表介入最有效?　229
　　——正確處理衝突糾紛的方式

**5-5** 沒掃完廁所不能回家,這樣教不對嗎?　237
　　——教師合法管教界線

**5-6** 學校要求學生道歉,有沒有違反言論自由?　242
　　——從性騷擾發言到強制道歉的法律爭議與實務建議

**5-7** 告白被拒絕,就可以惡意攻擊別人?　248
　　——公然侮辱與誹謗的法律責任

**5-8** 被同學嘲笑逼到崩潰,我們該如何守護他?　255
　　——及早辨識及預防言語霸凌

## CHAPTER 6 陪孩子走過校園衝突：
### 家長與老師的行動指南

261

**6-1** 你不是說只是小事嗎？怎麼變成霸凌？ 262
—— 教師處理校園案件的挑戰及與家長期待的落差

**6-2** 小孩早已和好了，大人卻還放不下恩怨？ 269
—— 衝突落幕後，家長與教師的放手與修復之道

**6-3** 性平通報來了，怎麼可能是我的孩子？ 275
—— 家長與老師面對性平事件的溝通與協調

**6-4** 當孩子在校發生衝突，我們能做些什麼？ 280
—— 家長第一時間的心態調整與行動建議

**6-5** 難道要等到我的孩子被打死了，才算是霸凌嗎？ 288
—— 理解「偶發事件」與「霸凌」的界線與應對

**6-6** 我的孩子怎麼可能是霸凌者？ 293
—— 從否認到接納的陪伴歷程與行動建議

CHAPTER

# 1

## 霸凌？
## 還是玩笑？

# 1-1 同學對我惡作劇，算不算霸凌？

―――――――――― 霸凌行為的關鍵特徵

---

明儒是國小五年級生，有一群好朋友，經常在課間一起玩耍、打鬧，平時也會互相開玩笑、搞些小惡作劇。明儒是這群朋友中的孩子王。華敏是明儒的好朋友之一，個性較為內向，但和大家相處得也很融洽。

有一天，華敏帶來了一個他跟家人去東京旅遊買回來的庫洛米鉛筆盒。這個鉛筆盒不僅外觀亮眼，還有一些獨特的功能，比如按鈕式開關和秘密夾層。明儒看見後覺得這個鉛筆盒很有趣，便打算趁著華敏去廁所的時候，來個小惡作劇。他把鉛筆盒悄悄藏了起來，心裡想著等華敏發現鉛筆盒不見時，一定會露出驚訝的表情。

果不其然，華敏回來後發現鉛筆盒不見了，頓時驚慌失措，四處尋找，甚至懷疑自己是不是忘了帶。看到華敏那焦急的模樣，明儒忍

不住笑出了聲,從書桌下拿出鉛筆盒,笑著說:「嘿!在這裡啦!我只是想逗你玩。」

華敏雖然有些不高興,但看到鉛筆盒完好無損地回到自己手中,也就沒有多說什麼,心裡明白這只是明儒的惡作劇。

 **毛律師來解惑**

你認為明儒是在霸凌華敏嗎?

在學校的場域裡,像明儒這樣的惡作劇,並不罕見。對於許多學生來說,這種小惡作劇和開玩笑是他們日常生活的一部分,也是他們表達友誼的一種方式。

明儒只是想逗華敏,看他緊張的樣子好玩,並沒有想要真的傷害他或讓他難堪。雖然華敏一開始有點不自在,但後來發現只是朋友間的玩笑,就不太在意了。其實,大多數孩子都能理解這種打鬧方式,不會因為這樣的玩笑而受傷害。

然而,這並不意味著所有的惡作劇都能被視為無害或是可以接受的行為。當惡作劇變得過分,或是經常針對同一個人時,它就可能會引起更深層的問題,甚至演變為霸凌。

# 霸凌行為的關鍵特徵

《校園霸凌防制準則》第 4 條第 1 項第 6 款定義了「生對生霸凌」：即「相同或不同學校學生之間，於校園內、外發生的霸凌行為。」這一規定旨在防止學生之間因長期的言語或肢體暴力而產生的負面影響。

根據《校園霸凌防制準則》第 4 條第 1 項第 4 款的規定，霸凌指的是「個人或集體持續以言語、文字、圖畫、符號、肢體動作、電子通訊、網際網路或其他方式，直接或間接對他人進行故意的貶抑、排擠、欺負、騷擾或戲弄等行為，使他人處於具有敵意或不友善的環境，進而產生精神上、生理上或財產上的損害，或影響正常學習活動的進行」。

從以上法規定義來看，霸凌行為有四個關鍵特徵：

### 1. 持續性（非單一事件）

霸凌行為通常不是單一偶發的事件，而是具有持續性或重複發生的特徵。本案例中，當明儒發現華敏焦急，並四處找尋鉛筆盒的樣子後，就立即還給他，這樣的行為僅發生一次，沒有持續進行類似行為。

### 2. 故意性

在評估行為是否具有「故意性」時，不應僅依賴行為人自述的動機，而應從多方面進行客觀綜合判斷：

❶ **受害者的感受與陳述**：受害者如何解讀和感受該行為是判斷的重要依據。若受害者反覆表示感到被針對、羞辱或恐懼，即使行為人宣稱「只是開玩笑」，也應重視受害者的主觀感受。

❷ **旁觀者的觀察與證詞**：同學、老師等第三方的觀察可提供更客觀的視角。他們能描述行為發生的頻率、方式，以及受害者當時的反應和後續影響。

❸ **行為的情境與方式**：考量行為發生的背景、時機和方式。例如，若行為是在公開場合進行，使受害者當眾難堪，或是選在受害者特別脆弱的時刻，這些都可能顯示出故意性。

❹ **是否有權力不對等**：評估行為人與受害者之間是否存在權力不對等關係（如年齡差距、社交地位高低、體型差異等）。權力不對等可能強化行為的故意性與傷害性。

❺ **行為模式與歷史**：檢視是否有類似行為的歷史模式。重複針對同一對象的行為，即使每次都宣稱是「玩笑」，累積起來可能顯示出具有故意性的模式。

透過以上多元角度的評估，能更全面客觀地判斷行為是否具有霸凌的故意性，避免單憑行為人的自我解釋或動機辯解來做決定，更能保護潛在的受害者。

在本案中，明儒確實是「故意」進行這個行為（想逗華敏），這符合霸凌中「行為故意」的要素。然而，霸凌的認定不應僅看行為人主觀動機，而應從整體情境客觀判斷：

❶ **受害者感受**：華敏雖「有些不高興」，但理解這只是惡作劇，並無持續不適。

❷ **行為情境**：明儒迅速歸還物品，未造成公開難堪或延長華敏的不安。

❸ **權力關係**：雖然明儒是「孩子王」，華敏較內向，但明儒未利用

這種差異造成長期壓力。

❹ **行為模式**：這似乎是單一事件，未見針對華敏的重複行為模式。

綜合判斷，明儒的行為雖有「行為故意」，但根據客觀情境和華敏的實際反應，更符合一般同儕間的惡作劇性質。

### 3. 敵意或不友善環境

霸凌的核心在於讓被害人長期處於敵意或不友善的環境，例如透過貶抑、排擠、欺負或騷擾，使其在學校或社交生活中感受到壓力、孤立或恐懼。本案例中，明儒的行為並未讓華敏長期處於這種環境，雙方仍維持友誼，沒有出現社交排擠的情況。

### 4. 造成損害（精神、生理、財產、學習影響）

霸凌行為通常會對被害人造成具體的損害，例如：

❶ **精神損害**：焦慮、恐懼、壓力、失去自信。
❷ **生理損害**：身體傷害、健康影響。
❸ **財產損害**：物品損毀、財物被奪走。
❹ **學習影響**：成績下降、逃學、拒學。

本案例中，華敏雖然一開始感到焦急，但當他意識到這只是朋友的玩笑後，並未產生持續的精神壓力或學習適應問題，因此難以認定為霸凌。

## 毛律師建議你

藉由明儒和華敏的案例，我想和大家聊聊「惡作劇」和「霸凌」的

差別。其實,不是所有惡作劇都是霸凌,尤其當只是一時興起的玩笑,沒有惡意也沒讓別人受到長期傷害的時候。

身為老師或家長,要怎麼分辨這兩種行為呢?霸凌會一直持續發生,而且是有意傷害別人,會讓受害的孩子在心理、課業或生活上都受到嚴重影響。如果把一般的玩笑或偶發的衝突都叫做霸凌,反而會看不清真正的問題在哪裡。

不管大人還是小孩,動不動就說「這是霸凌」。結果學校調查後發現不是霸凌時,家長可能會認為學校在包庇,不處理問題。此外,被說是「霸凌者」,對孩子來說也是很大的壓力,可能會影響他的心理發展。不過,如果發現孩子一直很不安、不想上學,我們當然還是要認真關心和處理。

或許學校老師和家長可以一起教孩子們:知道自己的行為會如何影響別人,學會用善意和尊重的方式和同學相處。這樣既能預防霸凌,又不會讓孩子失去和朋友互動的樂趣,讓他們在快樂、安全的環境中成長。

## 毛律師幫你抓重點

**1** 根據《校園霸凌防制準則》，霸凌行為有以下四個關鍵特徵：

圖 1-1　霸凌行為的關鍵特徵

**2** 面對校園衝突，給學校、家長的四大建議：

- 不輕易貼上霸凌標籤
- 關注受害者感受
- 觀察行為的持續性
- 評估實質傷害

# 1-2 只是開玩笑，也不可以嗎？

―――――― 玩笑與霸凌的界線

崇愛國小四年甲班的新轉校生艾麗性格內向，不太與同學交流。班上的瑞誠會模仿艾麗說話的語調說：「你是不是在其他學校混不下去才轉來這裡？」甚至在她走路時故意擋住她的去路。艾麗對這些行為感到非常困擾，但又不敢說什麼，因為她擔心如果表現得太激動，會引起更多同學的針對。瑞誠持續用這種「開玩笑」方式對待艾麗，導致艾麗越來越不安。而且當艾麗經過瑞誠時，他會嘲笑她的外表或學習成績。艾麗感到越來越孤單和無助，開始害怕上學，因為她每天都要面對這些冷漠和敵意。她的學業成績也因此下滑，晚上常常因為壓力而睡不著、作惡夢。

終於有一天，艾麗鼓起勇氣，向導師林老師傾訴了她的遭遇。林老師聽後非常震驚，因為她之前並沒有察覺到艾麗承受著這麼大的壓力。林老師決定立即介入，解決這個問題。

## 毛律師來解惑

在學校裡，開玩笑常常是同學之間打成一片的方式。但有時候，看似無傷大雅的玩笑，可能會變成讓人難受的壓力。尤其是當這些玩笑一直針對同一個人，而且故意要讓對方不舒服時，問題就嚴重了。

你以為的開玩笑，對別人而言，可能是霸凌，因為每個人對玩笑的接受度不同，有些人覺得沒什麼，但有些人可能會受傷。就像艾麗的例子，瑞誠一開始可能只是想逗大家笑，但當這種行為一直發生，還涉及到取笑外表、成績時，已經從玩笑變成欺負了。

## 當「玩笑」開始變質

一般來說，開玩笑通常是短暫的，沒有持續的惡意，可能會讓人一時感到不開心，但通常不會帶來長期的負面影響。然而，當玩笑：

❶ 持續針對同一個人；
❷ 行為客觀上造成貶低、羞辱的效果；
❸ 讓對方感到焦慮、不安，甚至影響到心理狀態或學業；

這樣的行為就已經超越了開玩笑的範疇，而成為「霸凌」。

## 霸凌的核心重點

根據《校園霸凌防制準則》第 4 條第 1 項第 4 款的規定，霸凌的重點在於：行為是否持續發生、是否故意以及是否真的對別人造成傷害。

瑞誠對艾麗的行為，已經不是普通的玩笑，因為：

❶ 他一直針對艾麗；
❷ 他的行為讓艾麗感到害怕和焦慮；
❸ 已經影響到艾麗的學習和生活。

大家可能會問：所以該怎麼分辨玩笑和霸凌？建議記得以下兩點：

❶ 一般玩笑是短暫的，不會一直針對同一個人。
❷ 玩笑變成霸凌時，常常會讓受害者感到被孤立、焦慮。

## 你以為的玩笑，對別人來說是霸凌

每個人對玩笑的「尺度」及心理承受能力都不相同。對某些人來說，這樣的玩笑可能只是短暫的尷尬或不快，但對另一些人來說，這可能會造成持久的傷害。尤其是在學校這樣一個多元的環境中，學生的心理敏感度、家庭背景和社交能力各異，這使得某些學生更容易受到這類「玩笑」的影響。

以艾麗的案例為例，瑞誠最初模仿艾麗的說話方式，可能是出於一種不成熟的幽默感或吸引他人注意的動機。然而，當這種行為頻繁發生，並且涉及到人身攻擊或人格貶低，並造成對方的焦慮與孤立感時，情況就已經從開玩笑轉變為「欺負」（霸凌樣態之一）。艾麗因為這些持續的「玩笑」而感到焦慮、孤立，甚至影響到學業和生活，這些都是受霸凌言行之典型受害結果。

## 毛律師建議你

開玩笑的初衷或許是為了增進友誼或活躍氣氛，但如果這些玩笑讓對方感到孤立、被貶低或是遭受羞辱，那麼我們就需要反思，是否已經越過了玩笑的界線？你以為的開玩笑，對別人來說是霸凌。這種不經意間的傷害可能會對對方的心理造成深遠的影響，甚至留下難以抹去的陰影。

我們必須認識到，開玩笑不是無限制的，開玩笑時應該時刻注意他人的感受。如果發現對方顯得不開心、不自在，我們應該立即停止，並適時道歉。每個人都有責任去理解和尊重他人的界線。當我們在與朋友互動時，一定要注意他們的反應和感受，不要因為追求一時的快樂而無意中傷害他人。

## 毛律師幫你抓重點

### 1　玩笑如何變成霸凌？

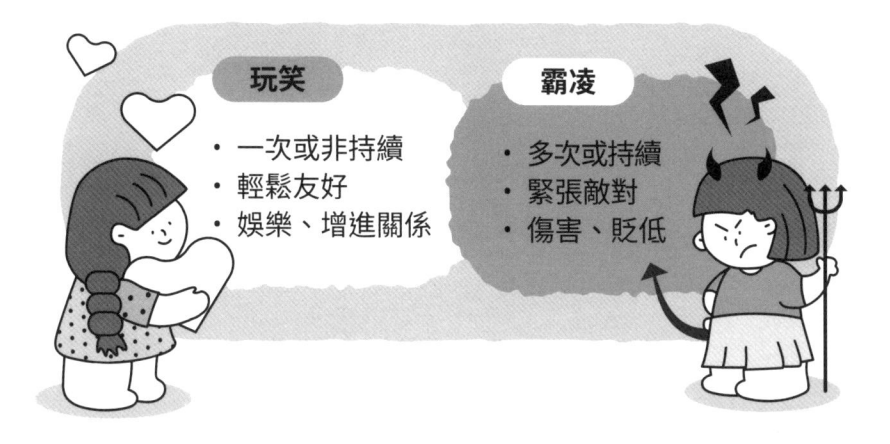

**玩笑**
- 一次或非持續
- 輕鬆友好
- 娛樂、增進關係

**霸凌**
- 多次或持續
- 緊張敵對
- 傷害、貶低

圖 1-2　「玩笑」與「霸凌」的差異

### 2　四招教孩子區分「玩笑」與「霸凌」

- 觀察對方反應，表現出不開心，應適時停止。
- 友誼應建立在尊重與關懷上，而非透過取笑來娛樂自己。
- 若對方表現出不適，應立即停止行為，並主動道歉。
- 在日常互動中培養同理心，理解他人的感受與界線。

## 1-3 我不跟你要好了，就是排擠嗎？

────────── 人際交友與排擠的區別

佳怡和慧君是高中二年級的同班同學，兩人雖然稱不上是「閨密」，但因為在一次地理課分組報告中被分在同一組（兩人一組），雙方比先前多了一些互動。這次的報告中，佳怡負責蒐集資料並整理成書面，慧君則負責簡報和口頭報告。

佳怡是個對學業要求很高的人，為了追求好成績，投入了大量時間準備報告。然而，隨著報告期限快到了，佳怡發現慧君似乎並沒有投入相應的努力。慧君只是把佳怡做的書面報告全部複製貼上，做成 PowerPoint，讓佳怡感到非常擔憂。但慧君卻信誓旦旦說：「沒問題的，我會好好報告的。」

在報告當天，慧君居然只是將佳怡的書面報告一字不漏地唸出來，這讓佳怡非常傻眼，她認為自己幾乎一手包辦了整個報告，慧君發

表時還這麼糟蹋她的用心,無法好好呈現她的成果,認為慧君卻只是來「搭便車蹭成績」的。

在報告完成後,佳怡的心情並沒有因為報告順利結束而得到緩解。相反地,她非常沮喪和憤怒,覺得自己付出了這麼多,卻沒有得到應有的認可和回報。她開始對慧君的工作態度產生強烈的不滿,並決定不再和她有任何互動。

在接下來的班級活動中,每當需要分組時,佳怡就會有意識地避免與慧君同組。她選擇和其他同學合作,默默地遠離慧君,認為跟這種人繼續做朋友或合作會很心累。

然而,慧君察覺到了這一變化:她發現佳怡不再主動和她說話,分組時也不再和她一組。她開始感到自己被孤立,甚至覺得這是一種針對她的排擠行為。於是,她向老師反映,認為自己遭遇霸凌。

## 毛律師來解惑

在學校生活中,學生不可避免地會遇到各種人際關係的挑戰。有時,這些挑戰會讓人感到孤立或被排擠,甚至覺得自己成為霸凌的受害者。然

而，交友自由跟排擠的界線該怎麼區分呢？

在這個案例中，佳怡的行為是否構成排擠呢？為了回答這個問題，我們必須先了解「排擠」的定義。

## 什麼是排擠？

根據教育部《重編國語辭典修訂本》定義，排擠是指「施用手段排斥別人」。這意味著排擠是一種有意圖、有行動的行為，目的在於排斥或孤立某個人。

根據我處理過的校園調查案件中，常見學生間的排擠行為包括：

❶ 在現實或網路故意散播關於某人的謠言或壞話，想讓大家都討厭那個人；

❷ 在活動中故意忽視或排斥某人，讓他無法參與集體活動；

❸ 慫恿其他同學一起排斥某人。

回到佳怡的例子，她選擇不再和慧君同組，是出於對過去合作經歷的不滿和對慧君工作態度的疑慮。這是一種個人的交友選擇，而非有意圖地排斥慧君。佳怡並沒有主動去影響其他同學，也沒有採取積極的行動來孤立慧君。因此，佳怡的行為並不符合排擠的定義。

不過，如果佳怡開始找其他同學說慧君的壞話，或是要求大家都不要理慧君，那就可能變成排擠了。排擠行為的本質在於一種有計畫、有目的的排斥，而非單純的人際關係疏遠。

# 「霸凌」的核心意涵

隨著反霸凌宣導越來越普及,「霸凌」這個詞已經成為孩子和家長耳熟能詳的名詞。但有時候,我們可能忽略了它的真正意涵。霸凌的概念涉及複雜的人際互動和心理因素,需要我們深入理解其核心特徵和影響,而非僅憑表面現象下判斷。

我在前面章節也曾提及,「霸凌」是指持續性、系統性,且帶有惡意的行為,而不是所有人際摩擦都能被歸類於此。舉例來說:

❶ 孩子之間因性格不合,選擇與某人保持距離,這可能只是自然的人際現象;

❷ 小衝突或誤會,是人際互動中的常態,未必帶有惡意。

### 毛律師建議你

與其過度強調「誰對誰錯」,我們更應該關注的是:當孩子感受到孤立或排擠時,我們該如何幫助他重新找到自己的位置,並學會面對人際挑戰?

## 健康的人際關係,比判斷對錯更重要

以下六個方向或許可以提供啟發:

### 1. 先接住、同理孩子的情緒

孩子遇到挫折時，不要急著評論事情的對錯，而是先陪他感受、表達，讓他知道：「我看見你的委屈和傷心。」這能幫助孩子在被愛和接納中重拾安全感。

### 2. 幫助孩子理解人際關係的自然距離

告訴孩子，不是每個人都會成為朋友，這是人際交往的自然現象。接受這種現實，能讓孩子更從容地面對人際互動中的波動。

### 3. 教孩子建立友誼與表達自我

如果孩子感到孤立，可以透過具體的建議，例如：參與活動、主動關心他人等，幫助他重建人際網絡。同時，也要教導孩子如何表達自己的感受，例如：「你這樣說，我有點難過。」這能有效化解許多矛盾。

### 4. 避免情緒化解讀每一次摩擦

有時我們會過度解讀孩子的受傷，建議在了解完整情況後，再和孩子一起討論可能的原因，避免因情緒化而誤判。

### 5. 與學校理性對話，建立溝通平台

如果孩子的困境難以自行解決，學校的角色就非常重要。與其只追問「誰對誰錯」，不如一起尋找如何讓雙方互相理解的解決方案。

### 6. 必要時尋求專業協助

當孩子持續感到被排擠，甚至出現低落情緒，建議尋求心理輔導或相關專業協助，讓孩子獲得更全面的支持。

## 「霸凌」是一個沉重的詞，請慎重使用

「霸凌」不該是輕易拋出的標籤。當孩子口中出現「他霸凌我」、「我被霸凌了」時，我們需要仔細了解事情的全貌，並引導他們以健康的方式面對人際摩擦。

真正的霸凌，需要我們全力以赴地去預防和處理；而人際中的摩擦和誤解，則需要我們耐心陪伴孩子學習和成長。不要因為過度泛化的解讀，而讓雙方都背負不必要的壓力。

大人之間也常因志趣不合而漸行漸遠，不會因此就認為對方在「霸凌」。孩子在成長過程中，遇到沒有朋友或被某些群體疏遠的情況時，家長或許不要過早將這種情況與「霸凌」畫上等號。與其急於判斷，不如花時間了解孩子的感受與困境，幫助他們學習如何建立健康的人際關係，了解自己為什麼想要和某人保持距離、用理性且善意的方式處理關係以及不要去影響別人的交友選擇，這才是更重要的支持。

## 毛律師幫你抓重點

**謹慎區別「人際交友」與「惡意排擠」**

- 霸凌需具備持續性、系統性和惡意,並非所有人際摩擦都能歸類為霸凌。排擠是有意圖、刻意孤立他人的行為,例如:散播謠言、鼓動他人孤立某人等。然而,每個人有權利選擇與誰交朋友,這屬於正常的人際交友互動。

**人際關係變化**

個人意願　　人際交友　　排擠行為　　惡意排斥
過往經驗　　　　　　　　　　　　　　積極孤立
　　　　　價值觀差異　　多次或持續
　　　　　　　　　　　　緊張敵對

圖 1-3　「人際交友」與「排擠行為」的差別

## 1-4 留言、轉發 IG 貼文，有這麼嚴重嗎？

———————————— 網路霸凌的常見迷思

高二的雅婷和婉柔曾是形影不離的好閨密。她們不僅一起上課、吃飯，還在 Instagram 上互相追蹤，經常分享彼此的生活點滴。班上同學都羨慕她們之間深厚的友誼。然而，這段友誼在春季開始悄悄生變。雅婷漸漸喜歡上了婉柔一直暗戀的男同學子翔。起初，雅婷只是默默欣賞，但隨著子翔主動與她接觸，兩人逐漸走得更近。

在學校舞會活動後，雅婷和子翔開始交往。兩天後，雅婷在 Instagram 上發布了一張她和子翔的合照，貼文寫道：「最美的意外 ♥ 感謝你闖進我的生活 🐟。」這個消息很快在班上傳開，婉柔也看到了這則貼文。婉柔感到極度失落和被背叛，雖然表面上沒有表現出來，但內心的痛苦難以抑制。就在這時，班上同學佩蓉看到雅婷的貼文後，出於對婉柔的同情和一時衝動，在雅婷的貼文下留下了一條評論：「茶茶現形了，搶閨密的男人還能這麼光明正大？」

這條評論迅速引來其他同學跟風。很快，雅婷的貼文下出現了大量負面評論，如：「原來你就是這種人，太讓人失望了。」、「閨密間的信任呢？真是茶中茶。」、「婉柔太可憐了，有這樣的朋友。」

雖然雅婷和子翔的合照只是一則普通的貼文，但由於這些評論的影響，事情迅速在校內傳開。許多同學開始在各自的社群媒體上討論這件事，有人製作惡意迷因圖，將雅婷的照片和「茶茶」一詞結合在一起。

起初，雅婷試圖忽視這些評論，但隨著「茶茶」這個綽號在她的 Instagram 動態和私訊中頻繁出現，內心受到了極大困擾。她覺得自己在校園裡成了被指指點點的對象，甚至有同學在走廊上看到她時會故意說些帶有「茶」字的話。

約一週後，雅婷將 Instagram 帳號設為不公開並停止更新動態，但這並未阻止網路上的批評聲浪。一些同學轉而在其他社群媒體上繼續討論這件事。婉柔看到這些評論後，心情非常複雜；她既感到些許報復的快感，但又為雅婷的處境感到內疚。然而，她選擇保持沉默，沒有公開為雅婷辯護。雅婷變得越來越沉默。她不再參加班級活動，開始逃避與同學的接觸，甚至出現缺課的情況。這種異常行為引起了班導陳老師的注意。

兩週後，雅婷的情緒狀態明顯惡化。她的出席率大幅下滑，偶爾出現在課堂上時也總是低著頭，眼神空洞。午餐時間，她不再和同學一起用餐，而是獨自躲在圖書館的角落或是直接待在廁所隔間裡。班導陳老師注意到雅婷的成績驟降：這位原本在班上名列前茅的學生，最近的小考成績卻頻頻不及格。

一天放學後，陳老師看見雅婷獨自一人在空蕩蕩的教室裡收拾書包，眼眶泛紅。陳老師輕聲叫住她，提議到辦公室談談。起初，雅婷只是搖頭，勉強擠出微笑說「沒事」。但當陳老師耐心地說「我看到了那些評論，也聽說了發生的事」時，雅婷的防線瞬間崩潰，淚水如決堤般湧出。陳老師意識到事態的嚴重性，立即向學校輔導室和學務處通報這起事件。

## 毛律師來解惑

根據《校園霸凌防制準則》第 4 條第 1 項第 4 款的規定，霸凌通常需要具備「持續性」，即對當事人進行反覆且持續的攻擊。

## 網路霸凌中的「持續性」迷思

然而，在網路霸凌情境中，這一「持續性」的要求需重新審視。由於網路的特性，即使是一次性的發文或評論，只要其內容能夠被大量且迅速地傳播，並且在短時間內被多人分享或擴散，這樣的行為就可能構成霸凌。

在雅婷的案例中，雖然最初只有佩蓉的一則「茶茶現形」的評論，但因為這則評論被大量同學轉發、評論和討論，它迅速在社群媒體上形成了一股攻擊的浪潮，讓雅婷成為全校輿論的焦點。這種爆發式的傳播讓原本一次性的行為產生了類似於「持續性」的效果，並對雅婷造成了深遠的心理影響。

在認定網路霸凌時，應綜合考量多重要素，包括但不限於：

**1. 行為人傳播誹謗言論的動機**

例如，行為人是否有意讓更多人知道或參與這一行為，是否故意引發更大的反應。

本案例，佩蓉最初發表「茶茶現形了，搶閨密的男人還能這麼光明正大？」的評論，顯然是出於對婉柔的同情與對雅婷行為的憤怒。她的目的明確，是要讓雅婷的「不當行為」被公開指責，引發公眾的道德譴責。後續跟風的同學們也有意識地將這一標籤持續貼在雅婷身上，製造「茶茶」標籤並廣泛傳播，意圖讓更多人知道，並參與對雅婷的批判中。

## 2. 傳播場所的選擇

社群媒體的選擇、平台的使用者數量及互動活躍度，能直接影響言論的擴散速度和範圍。

佩蓉在 Instagram 上發表評論，Instagram 是高中生日常高度活躍的社群媒體，具有高度互動性，包含按愛心、評論、分享等功能，使得負面評論能迅速擴散。雅婷和子翔的合照本身就發布在 Instagram 上，這讓班上幾乎所有同學都能接觸到佩蓉的評論，從而引發連鎖反應。後續同學們還將討論延伸到其他社群媒體，進一步擴大傳播範圍。

## 3. 針對的對象

即考慮行為人是否特意選擇受害人身邊的朋友、同學或同事，來擴大心理傷害的範圍，並且行為人是否認知到這些行為可能會讓受害人處於敵意環境中。

評論者清楚地針對雅婷的特定身分——「閨密」進行攻擊，強調她背叛了與婉柔的友誼。這種攻擊直接打擊雅婷的社交關係和人格形象，讓她在原本熟悉的校園環境中處於敵意包圍的狀態。佩蓉和其他同學明知雅婷和婉柔的密切關係，刻意選擇這一敏感點進行攻擊，相對地更擴大了對雅婷造成的心理傷害。這導致雅婷在校園環境中處處感到敵意，連帶影響了她的學業表現和心理健康。

## 4. 表意方式

例如：是否使用帶有嘲諷、貶低、威脅等意味的文字、圖片或影音，而這些表達方式是否有意圖引發更大的負面反應。

「茶茶」一詞在年輕社群中帶有強烈的負面含義，意指搶奪他人男友或背叛閨密信任的女性。這些評論採用了嘲諷、貶低的語氣和措辭，如「茶中茶」、「搶閨密的男人」等字眼，具有明顯的汙名化意圖。更甚者，有同學製作惡意迷因圖，將雅婷的照片與「茶茶」一詞結合，這種視覺化的嘲諷更具攻擊性和破壞力。

### 5. 言論廣泛流通的可能性

即考慮該言論是否可能在短時間內被大量轉發、分享，造成快速且廣泛的傳播效應，進一步擴大對受害者的傷害。

本案中的言論從 Instagram 迅速擴散至校內其他交流管道。即使雅婷將自己的 Instagram 設為不公開帳號，這些言論已經在其他社群媒體上形成了自主傳播的態勢。同學們持續製作與分享相關內容，使得「茶茶」這一稱號成為校園中的熱門話題。即使是雅婷不在場的情況下，這些言論也能持續流通並產生影響，形成類似於「持續性霸凌」的效果。

### 6. 不特定人接收訊息的難易程度

言論是否容易被非特定對象看到，例如：公開發布在無需認證的社群媒體平台或論壇上，使得任何人都能輕易接觸到這些內容，進一步擴大傷害範圍。

雅婷的 Instagram 貼文以及佩蓉的評論最初都是公開可見的，任何關注者或瀏覽該貼文的人都能輕易接觸到這些內容。隨著事件在校內傳開，即使原本不認識雅婷或不了解情況的學生也能輕易獲取相關信息，從而擴大了輿論的參與範圍。即便雅婷後來將帳號設為私人，但既有的評論和迷

因圖已經在各種社群媒體上流通，使得更廣泛的人群能夠接觸到這些負面內容。

## 毛律師建議你

總的來說，案例中的網路霸凌行為雖然起始於佩蓉的一則評論，但由於其在社群媒體上的爆發式傳播，以及校園內實體環境中的延伸效應（例如：走廊嘲諷），最終形成了一個全方位、多角度的攻擊網絡。這對雅婷造成了嚴重的心理傷害，導致她出現情緒低落、逃避社交、學業成績下滑等嚴重後果。這種網路霸凌的效應遠超過單次言論的傷害，它通過網路的放大和持續性，對雅婷的人格尊嚴、社交關係和心理健康造成了深遠的負面影響，因此構成《校園霸凌防制準則》規定的霸凌行為。

再次提醒，在認定網路霸凌時，行為人是否認知或理應預見其言論會被廣泛傳播是關鍵考量因素。在社群媒體發表貶抑性言論的人，通常能合理預見其言論可能引發的連鎖效應，因此對其行為造成的後果負有更高程度的責任。這種認知要素的納入，使得網路霸凌的歸責基礎更為完整且合理。

## 毛律師幫你抓重點

**網路霸凌認定的考量要素**

網路霸凌

行為人的意圖和行為

言論的傳播效果

傳播場所的選擇

針對的對象

廣泛流通的可能性

動機

表意方式

不特定人接收訊息的難易程度

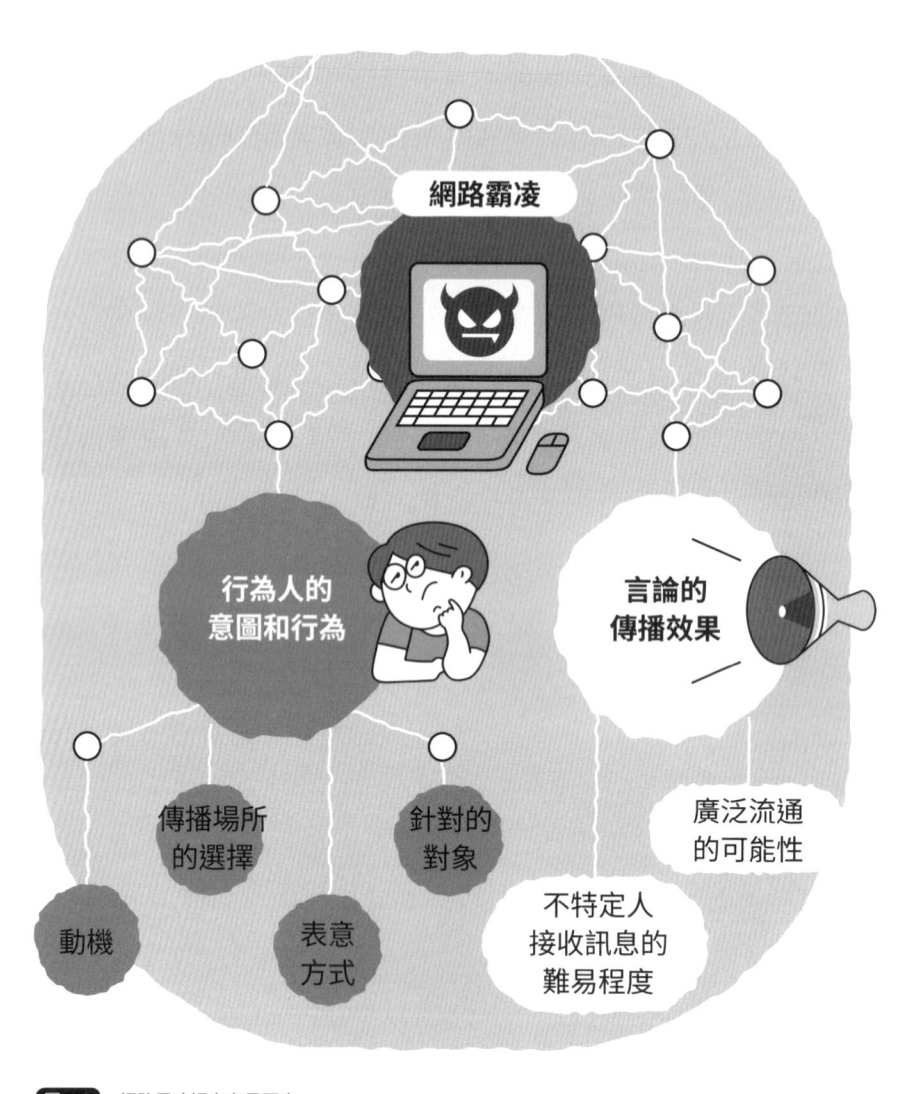

圖 1-4　網路霸凌認定考量要素

## 1-5 我說的是事實，也不行嗎？

———————————— 從真話演變為誹謗的關鍵

---

立宸國中的學生下課時總是三五成群地聚在一起聊天或玩耍，而思玫則總是安靜地坐在角落，埋頭看書或整理課本。她性格內向，不愛說話，也不太與同學互動。由於家境困難，思玫的穿著顯得有些樸素，衣服也經常看起來舊舊的。某天，班上的幾位同學開始注意到思玫的外表，特別是她的頭髮似乎有些油膩，還有同學說她有口臭。

最早開始傳這些話的是冠誼。她是班上活躍的女生之一，常常帶動話題。一天午休時，冠誼皺著眉對其他同學說：「你們有沒有發現，思玫好像都沒洗頭？還有，她的口氣有點重，我今天跟她坐得近一點，都快被熏暈了。」幾位同學聽了，也開始議論紛紛：「對啊，我之前也注意到，她真的好像很少洗頭欸。」「她的書包裡好像也有怪味，不會是沒洗衣服吧？」

這些話很快就傳遍了班上，越來越多的同學開始在背後討論思玫的「髒」。有些同學甚至在她經過時故意搗住鼻子，竊竊私語：「她來了，大家小心點，別靠太近。」這樣的行為逐漸讓思玫感到孤立，沒有一個同學願意跟她接觸。

思玫的情緒開始變得低落，她越來越少與同學交流，甚至在課堂上舉手發言時都顯得猶豫不決。每當她站起來回答問題，教室裡總能聽到幾聲竊笑和低語。同學們會趁老師不注意時，彼此間低聲說：「你們聞到了嗎？那股味道又來了。」這些話如針一樣刺痛著思玫。

某一天，導師發現思玫情緒異常，便找她單獨談話。經過一番詢問後，思玫忍不住哭了出來，告訴老師她覺得同學們在嘲笑她，讓她感到非常難過。然而，當老師了解情況後，找冠誼談話時，冠誼卻顯得非常委屈：「老師，我只是說出事實啊，她真的很久沒洗頭了，身上也有味道，我們並沒有說謊。難道說實話也不行嗎？」

## 毛律師來解惑

在這個案例中，班上同學確實提到了一些關於思玫的事實——她的頭髮看起來油膩，並且有口氣。然而，這樣的「事實」是否就能合理化同學們對思玫的行為呢？答案是否定的。根據霸凌的定義，無論是否基於事實，持續且故意進行的言語和行為，若客觀上造成他人被貶低或排擠的效果，都屬於霸凌。這種行為已經影響到思玫的情緒和學習，讓她感到自己被孤立和嘲笑。

## 言語霸凌與陳述事實的界線

言語霸凌（verbal bullying）是一種常見的霸凌形式，它通過貶低、嘲笑、侮辱或惡意傳述來傷害他人。雖然冠誼和其他同學所說的話可能是基於事實——例如：思玫的外表或氣味——但這些話語的傳播方式和動機已經變得有害。班上的同學不僅在背後議論，還故意在思玫面前表現出排斥的態度，這些行為創造了一個敵對、不友善的環境，對思玫的心理造成了負面影響。

在這種情況下，就算說的是「事實」，也不能免除霸凌的責任。即便冠誼認為自己只是陳述事實，但她無視了這些話語對思玫的情感傷害。霸凌的核心在於行為是否故意讓受害者感到受排擠或羞辱，無論言語本身是否屬實。

## 從事實演變為霸凌的關鍵

冠誼說：「說事實也不行嗎？」這反映了許多霸凌者的一種誤解：他們認為只要自己說的是真實的，就不應該受到指責。然而，在法律和道德上，這種觀點是不成立的。根據《中華民國刑法》第 310 條，誹謗罪的成立並不取決於所傳述的內容是否真實，而是取決於這些內容是否會對他人的名譽造成損害。

同樣的道理應用於言語霸凌中，即使所說的內容是事實，但如果這些話會降低受害者在他人眼中的形象，並對其社交生活或心理健康產生負面影響，那麼這種行為就屬於霸凌。冠誼和其他同學將思玫的外表作為攻擊點，不斷強調她的「髒」和「怪味」，這種持續性的行為本質上是一種有意的貶低。

## 誹謗罪的常見誤解

在法律上，誹謗罪的規定清楚指出，即便所陳述的是事實，但只要這些事與公共利益無關，並且涉及他人的私德，仍有可能構成誹謗。這與言語霸凌的情況類似：即便所說的話是事實，但如果這些話對他人的名譽和心理健康造成損害，那麼說這些話的人仍然需要為此負責。

誹謗罪要求「足以毀損他人名譽之事」，這裡的「名譽」指的是一個人在社會中受到的尊重和認同。冠誼等人的話使思玫在班上被貼上了「髒」的標籤，影響了她在同學中的形象，這就是一種名譽的損害。在這個意義上，班上同學的行為與誹謗罪的原理相似，即使所說的是真實的情

況，這些言語仍會對他人造成負面的社會評價。

## 毛律師建議你

# 避免言語霸凌

學生在學校中不僅要學會知識，還要學會如何尊重他人。說話之前需要考慮到對他人的影響。即使是陳述事實，也要顧及他人的感受。霸凌不僅僅是侮辱性的謾罵或身體上的欺負，語言的力量同樣可以造成深遠的傷害。

「事實」並不等於可以隨意傳播，尤其是當這些「事實」會對他人造成傷害時。事實並不能成為合理化傷害行為的藉口。根據法律的觀點，誹謗罪中「陳述事實」與「誹謗」的區別在於行為是否損害了他人的名譽。

同樣的，言語霸凌中關鍵的問題不在於言語的真實性，而在於這些言語是否對他人造成了傷害。因此，為了避免言語霸凌，學校和家長應提醒孩子謹言慎行，學會尊重他人的感受，在表達事實的同時保持尊重與包容。

## 毛律師幫你抓重點

**1 言語霸凌與陳述事實的界線**

無論是否基於事實,只要是持續且故意進行的言行,若客觀上造成他人被貶低或排擠的效果,都屬於霸凌。

**2 從陳述事實演變成霸凌的關鍵**

即使所說的內容是事實,但如果這些話會降低受害者在他人眼中的形象,並對其社交生活或心理健康產生負面影響,那麼這種行為就屬於霸凌。

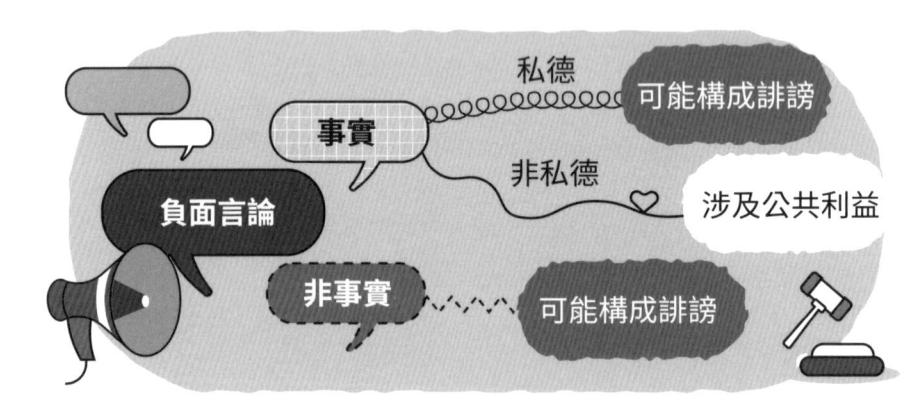

圖 1-5　判斷陳述事實或言語霸凌的關鍵要點

## 1-6 我又沒有指名道姓，幹嘛對號入座？

───────────── 不可忽視暗示性的霸凌

---

國中三年級的瑋瑋和小琪原本是好朋友，但隨著會考臨近，兩人的關係開始出現了微妙的變化。瑋瑋成績穩定，擅長數理，老師和同學都對她期望頗高，認為她有機會進入全市第一志願。小琪則表現平平，雖然她也在努力準備會考，但心理壓力不小。隨著成績的差距擴大，小琪開始感到自卑，也漸漸與瑋瑋疏遠。

一天下課時，小琪在教室裡跟幾個同學說：「昨晚我作了一個夢，夢到一個人，平時看起來很乖，成績很好，但其實背地裡根本不是那麼回事，居然做了些很丟臉的事。唉……賤人就是矯情。」

其他同學聽了後起鬨問是誰，小琪搖了搖頭笑著說：「我可沒說是誰，別自己對號入座啊！」同學們不斷追問，但小琪堅持說這只是個夢，還故意賣關子，留給大家一個模糊的形象。

從那天起，班上的氣氛變得奇怪了起來。雖然小琪沒有指名道姓，但大家都明白她說的那個人很可能就是瑋瑋，因為在班上只有瑋瑋符合小琪描述的「成績很好、看起來乖巧」的形象。瑋瑋開始發現周圍的同學對她的態度變得冷淡，常常有人對著她竊竊私語，甚至有人在背後嘲笑她。

小琪的影射越來越頻繁。她不時會在班級群組裡發布一些模稜兩可的訊息，比如：「有些人總是表面一套，背後一套，真讓人不敢相信。」、「這種人就是茶茶吧！」或是在群組裡發布一些關於「虛偽」的名言，並強調自己不是在說誰，提醒大家「別對號入座」。這些話語讓瑋瑋感到愈加不安，她的心理壓力也越來越大，開始懷疑自己是不是做錯了什麼。

有一天，有同學甚至在瑋瑋的座位上留下一張紙條，上面寫著「虛偽的面具早晚會被揭穿」。瑋瑋內心徹底崩潰，她無法理解為什麼曾經的朋友小琪會這樣對待她。雖然她試圖向老師求助，但因為沒有明確的指名道姓，她的情況未被重視。這種「我夢到」或是隱晦的暗示，逐漸讓瑋瑋感到孤立無援，她的學業也因此受到影響，甚至開始懷疑自己的價值。

## 毛律師來解惑

瑋瑋的案例展示了一種常見但容易被忽視的霸凌形式：暗示性的霸凌。

小琪利用「夢到」和隱晦的言語對瑋瑋進行影射，雖然從表面上看，她並沒有直接攻擊或指名道姓，但她的行為已經對瑋瑋造成了嚴重的心理傷害。這種霸凌形式具有隱蔽性，行為人往往以模糊不清的言辭來迴避責任，甚至在受到質疑時，還會辯解說：「我又沒有說誰，幹嘛對號入座？」

根據霸凌的定義，無論是言語還是行動，只要是針對某個人持續進行，並使其感受到敵意或不友善的環境，導致身心損害，就構成了霸凌。小琪的行為正符合這一特徵，她利用暗示和模糊的語言，間接對瑋瑋進行了精神攻擊，這種行為同樣屬於霸凌。

## 罵人沒有指名道姓，是不是就沒事？

小琪之所以敢如此肆無忌憚，正是因為她認為自己並沒有指名道姓，這樣就可以免於被指控為霸凌。然而，從法律的角度來看，這種行為並不能完全撇清責任。

在實務中，是否構成妨害名譽或霸凌，關鍵在於是否能夠指出特定對象。小琪的言語和行為雖然表面上沒有明確指出瑋瑋，但根據她描述的特徵，班上同學都能夠很容易地聯想到瑋瑋，這就達到了特定對象的標準。因此，即使沒有指名道姓，也可以視為是一種針對性的攻擊。

## 利用群體壓力進行霸凌

在這個案例中,小琪和瑋瑋原本是好友,但隨著考試的壓力和成績差距,兩人之間的關係發生了變化。小琪在這段關係中,利用了同學間的同儕壓力、社交壓力和心理影響,對瑋瑋進行打擊。這種利用群體壓力進行的霸凌,尤其是在青少年群體中,往往會給受害者帶來難以估量的心理創傷。瑋瑋因為這些隱晦的指責而感到孤立,最終導致學習成績下滑,甚至懷疑自己的價值。

小琪的行為屬於典型的心理、精神霸凌,這種霸凌方式比肢體攻擊更加隱蔽,但同樣具備毀滅性。它會讓受害者感到無所適從,甚至無法具體指出問題所在。瑋瑋在這種情況下感受到的是持續的壓力和孤立感,她的學業與社交生活都受到了影響,但因為缺乏直接的指控依據,導致她無法有效尋求幫助。

### 毛律師建議你

在這種情況下,學校和家長可以幫助受害者辨識和應對霸凌。教師多加關注學生之間的微妙互動,尤其是在考試壓力增大的階段,容易出現競爭帶來的情緒問題。建議學校設立反霸凌機制,讓學生能夠有安全的管道表達自己的困擾,並對此類隱性霸凌行為進行適當的介入和干預。

霸凌不僅僅是指明顯的肢體或言語攻擊,隱晦的影射同樣能夠帶來巨大的壓力。

## 毛律師幫你抓重點

**1 暗示性的霸凌**

- 暗示性的霸凌是最常被忽略的霸凌,形式比肢體攻擊更加隱蔽,但同樣具備毀滅性。它會讓受害者感到無所適從,甚至無法具體指出問題所在。因此,不具名攻擊仍可能屬於霸凌。

**2 建議處理方向**

- 即時保存相關證據
- 積極尋求師長協助
- 重視心理健康維護

**顯性**
- 直接明確
- 舉證較易

**暗示性(隱性)**
- 暗示影射
- 舉證較難

圖 1-6　顯性霸凌與隱性霸凌的差異

# 1-7 只是想「保護」學生，
## 為什麼反而害他被孤立？

───────────────── 關係霸凌的殺傷力

國小一年級的孩子們在操場上嘻嘻哈哈地互相追逐著，唯有坐在教室角落的敏敏，靜靜地看著這一切，無法參與。敏敏出生時便被診斷出患有罕見的成骨不全症，這讓她的骨頭極為脆弱，輕微的碰撞就可能造成骨折。因此，她不能像其他孩子一樣隨心所欲地玩耍、奔跑。

敏敏的導師萍萍老師，從一開始就對這個特殊的學生特別小心。她不僅為敏敏安排了靠窗的座位，還特別叮囑班上所有的孩子要「小心」，不要碰到敏敏。「你們要是弄傷她，你們的爸爸媽媽可能要賠很多錢，因為她和你們不一樣。」這些話被萍萍老師反覆提醒著。

一開始，孩子們並不覺得有什麼異樣，只覺得敏敏似乎需要更多的關愛與保護。然而，漸漸地，這樣的言語在他們心中種下了「敏敏很危險」的念頭。萍萍老師每當看見有人走向敏敏，便趕忙提醒：

「你離她遠一點，你的爸媽很有錢嗎？如果弄傷她，賠得起嗎？」在萍萍老師的一再強調下，孩子們開始慢慢遠離敏敏。

不知從何時開始，班上開始流傳一句話：「敏敏動，我不動。」這句話成為了他們對待敏敏的默契。每當敏敏嘗試靠近某個同學時，那位同學總是迅速地後退，甚至連眼神交流都變得閃躲不定。沒有人再願意和她說話，沒有人和她一起玩耍，彷彿她成了一個無形的人。

敏敏很快感受到了這股冷漠。她不明白為什麼大家不再願意和她交談，為什麼她好像變得透明了。曾經她也試圖問過同學，為什麼不跟她玩了，但得到的回答總是模糊不清，甚至有同學直接回應：「因為和妳玩，我爸媽要賠很多錢。」

時間一久，敏敏越來越孤單，她的心情越來越低落。原本熱愛學習的她，逐漸對學校產生了恐懼感，每天早晨醒來，她開始找藉口不去上學，甚至拒絕離開家門。她哭著對媽媽說：「我不想去學校，沒有人喜歡我，大家都把我當成空氣。」這些變化讓敏敏的父母心痛不已，於是他們決定去學校了解情況。當他們與萍萍老師交談時，萍萍老師卻輕描淡寫地表示，這一切都是為了敏敏的安全。「我只是擔心她受傷，孩子們還小，不懂得如何保護她，我是為了大家好。」萍萍老師說道。

## 毛律師來解惑

萍萍老師的做法，究竟是保護還是霸凌？

從表面上來看，萍萍老師的行為似乎是出於對敏敏的保護，然而事實上，這種過度的「保護」，卻演變成一種變相的排擠。這是一種典型的關係霸凌（relational bullying），其中一個孩子被孤立，與其他人斷絕社會聯繫。這種孤立是由成年人的言行直接或間接引發的。在此案例中，引發關係霸凌的人正是萍萍老師。

### 權威人物的影響力

萍萍老師身為班級導師，她的一言一行都對學生有著巨大的影響力。她通過提醒其他學生遠離敏敏，並以「賠不起」等負面言辭加強學生對敏敏的恐懼，讓孩子們不再敢接近敏敏。小學一年級的學生年齡尚小，缺乏獨立判斷能力，極易被大人的話語所左右。萍萍老師的言論無形中傳遞「敏敏是危險的」，這一觀念讓班上的孩子逐漸將敏敏排除在他們的日常社交圈之外。

### 排擠與孤立 ── 關係霸凌的具體表現

關係霸凌不同於身體或語言上的直接欺凌，它透過孤立、排擠來傷害一個人的情感與社交。敏敏在班上逐漸被同學孤立，不再有人與她交談或遊玩。這種情況是班級集體行為的結果，受害者無法直接抗拒，也難以

察覺，因為這種霸凌方式不具備明顯的暴力形式。然而，它對孩子的心理健康與情感發展所造成的傷害卻是深遠的。敏敏的拒學行為正是她對這種孤立感到痛苦的直接反應。

## 「保護」的過度化與不當化

萍萍老師認為自己是出於對敏敏的「保護」，但這種保護方式實際上是基於對孩子能力的低估和對差異的誇大。敏敏確實需要特別的關照，但這並不代表她需要被完全排除在同學的生活之外。萍萍老師的言語加深了敏敏與其他同學之間的隔閡，讓孩子將敏敏視為「不一樣」的人，並選擇遠離她。

## 毛律師建議你

### 改善的空間：從包容到支持

敏敏的案例讓我們看到了教育中的一個重要問題：如何在保護特殊需求的學生與促進社會融入之間找到平衡？像敏敏這樣背景的學生，老師應該積極尋找能夠讓她安全參與班級活動的方式，而非一味強調她與他人的不同。透過引導其他學生理解敏敏的病情，學習如何與她相處，班級氛圍將能夠更加包容、友善。老師的角色是促進同學間的合作與關愛，而非加劇差異。

同時，這也反映了教師在處理特殊需求學生時面臨的挑戰。萍萍老師

的出發點是基於對敏敏的保護，但她忽視了如何在保護的同時，讓敏敏仍然能夠融入班級，建立正常的同儕關係。這種「好意」無形中造成了傷害，導致了關係霸凌的發生。

每個學生的需求都是獨特的，特別是像敏敏這樣的特殊生，他們不僅需要身體上的保護，更需要社交情感上的支持。老師不僅僅要防止他們受傷，還需幫助他們在安全的情況下融入群體，獲得同伴的認同和友誼。

作為教育者，特殊教育知識對於老師來說是不可或缺的。理解如何正確地對待特殊需求學生，既要保護他們的安全，又要避免過度放大他們的差異，這是教師需具備的一項專業技能。學校應給予教師更多的培訓與支持，幫助他們在面對類似敏敏這樣的學生時，能夠做出更加妥適、專業的反應。

無論是教師還是家長，好的意圖如果缺乏適當的方法和知識，可能會成為對孩子的傷害。只有當我們持續學習、成長，並以專業知識為基礎去引導學生，我們才能真正成為孩子的支持者，為他們創造一個包容而安全的學習環境。

## 毛律師幫你抓重點

**關係霸凌的形成與影響**

- 關係霸凌透過孤立、排擠來傷害一個人的情感與社交。這種霸凌方式不具備明顯的暴力形式，但它對孩子的心理健康與情感發展造成的傷害是深遠的。

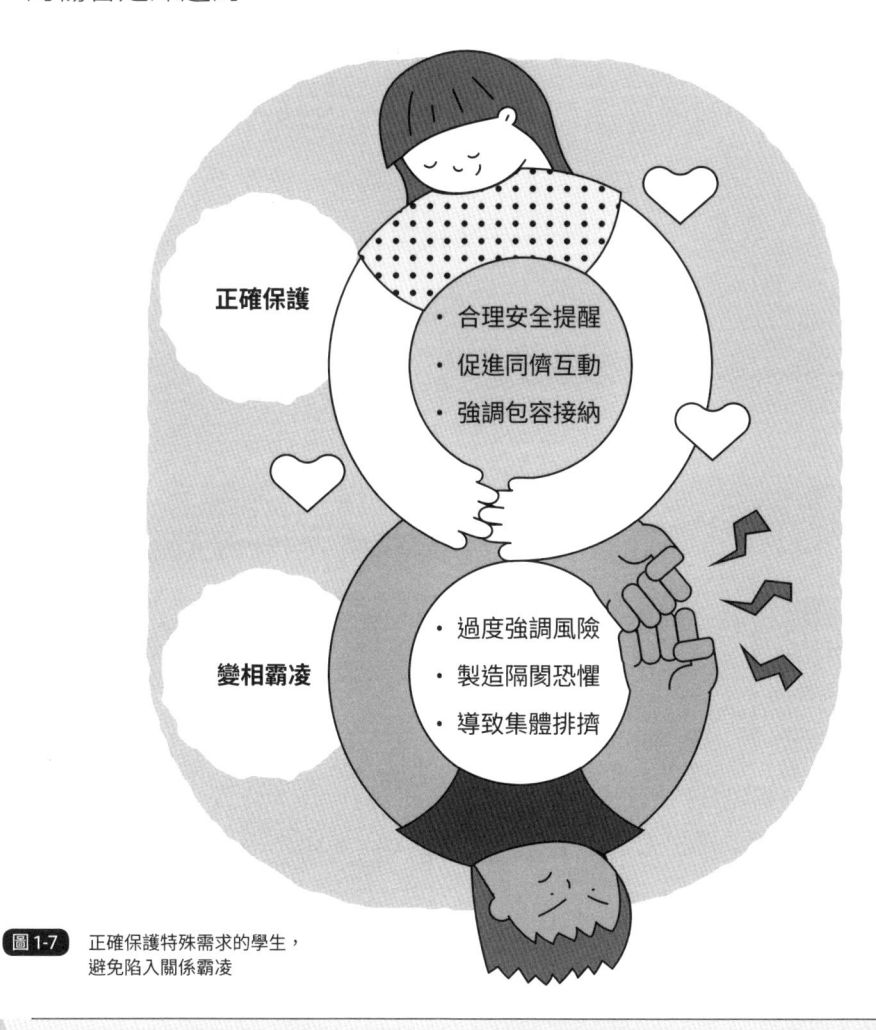

**正確保護**
- 合理安全提醒
- 促進同儕互動
- 強調包容接納

**變相霸凌**
- 過度強調風險
- 製造隔閡恐懼
- 導致集體排擠

圖 1-7　正確保護特殊需求的學生，避免陷入關係霸凌

## 1-8 體育場上的競爭，錯了嗎？

運動霸凌的具體表現

---

加麟是一位平時成績優秀、籃球技術不錯的學生，他平時活潑開朗，但最近他開始對籃球失去了興趣，甚至不願再參加體育課。在每週的籃球比賽中，加麟帶球快速切入對手禁區，正當他準備跳起投籃時，後方的同學升融突然「埋地雷」，伸出腿，絆倒了加麟，加麟重重摔在地上，膝蓋擦傷。

類似的狀況又發生在下週的比賽，加麟再次試圖搶球，這次升融「架拐子」，讓加麟的身體失去平衡，直接被撞飛出去，手肘也擦傷。儘管升融這些行為被裁判（老師）警告過，但由於未產生重大傷害，升融並未停止這些惡意行為，反而覺得很得意。

比賽結束後，加麟感到沮喪、不安，逐漸不再主動參加籃球比賽，甚至表現出對籃球的厭惡與恐懼。而升融則認為，這些動作只是在比賽中取得優勢的策略。

## 毛律師來解惑

競爭本身並不是錯誤的，適度的競爭有助於提高學生的運動技能與抗壓能力。但當競爭以傷害他人為前提時，就會變質成霸凌行為。

### 過度競爭的表現

升融將勝利視作唯一目標，不惜採取「埋地雷」和「架拐子」等危險行為，這些行為並非只是為了贏，而是試圖以不正當的方式阻止對手發揮正常水平。這類過度競爭的行為表面上是體育競賽的一部分，實際上已經違背了公平競技的原則，甚至破壞了比賽的安全性。

### 運動霸凌的特徵

根據霸凌的定義，霸凌是指個人或集體持續以貶抑、排擠、欺負或戲弄等行為，對他人造成精神或生理上的傷害。案例中，升融對加麟的攻擊是持續且有意識的，這種行為已經超出了單純的比賽競爭，開始產生霸凌的特徵。尤其是當升融多次故意利用身體接觸傷害加麟時，這種行為不僅是肢體上的侵犯，也在心理上對加麟造成了持續的壓力，使他對運動產生恐懼與排斥。

## 毛律師建議你

老師作為比賽的裁判和教育者,有機會培養學生的運動精神,並建立一個安全、公平的競技氛圍。在面對過度競爭或潛在的霸凌行為時,老師的即時干預可以產生深遠的影響。老師也可以考慮在課程開始前明確設立行為準則,在比賽中採取更多預防措施,或者在課後與學生進行深入討論,幫助他們理解競爭和尊重的平衡。

持續的肢體侵犯可能導致嚴重的受傷,這不僅影響學生的身體健康,還可能引發長期的心理陰影,加麟的情況就是如此。

霸凌行為若未被即時制止,還可能鼓勵更多學生模仿,導致體育課堂中的暴力行為蔓延,破壞學校的學習氛圍。

## 毛律師幫你抓重點

### 1  運動霸凌的特徵

- 霸凌是一種持續的、故意的行為，目的是對他人造成精神或生理上的傷害。升融的行為符合霸凌的特徵，因為他對加麟的攻擊是持續且有意識的，並且利用身體接觸傷害對方，這樣的行為讓加麟在身體和心理上都受到了長期的傷害，甚至對運動產生恐懼。

### 2  老師在處理運動霸凌中的角色

- 區分競爭與霸凌
- 重視安全與公平
- 建立明確規範
- 即時介入處理

圖 1-8　從體育行為演變為霸凌的過程

# 1-9 我的口音不一樣，為什麼成了異類？

———————————— 面對文化霸凌與被標籤的應對方法

---

高中一年三班來了一位新同學——亞軒，她的家人最近與她一同從國外回到台灣生活。她的膚色稍深，帶著不同於大部分同學的口音，說話時會夾雜著幾句不太流利的中文。第一次上課時，老師在班上介紹亞軒，鼓勵大家多和她交流，幫助她融入新環境。

然而，亞軒的融入並沒有想像中那麼順利。由於她的生活習慣和文化背景與其他同學有些不同，讓她很快成為了班上的「焦點」。例如，她的午餐是用母國的傳統調味品製作的飯菜，這在其他同學眼裡顯得「奇怪」，而且「味道怪異」。午餐時間，幾位同學會故意在她旁邊捏著鼻子，竊竊私語：「她吃的這些東西好噁心，誰會喜歡這種味道？」亞軒聽到了，雖然不完全理解他們的語言，但能感受到自己被當作笑柄。

另外，班上有幾個男生習慣性地模仿她說話的口音，有時還故意加重，學她發出一些不標準的詞彙。他們一邊學，一邊笑，並故意在亞軒面前大聲說：「哎，怎麼又說錯了？你們這些外國人就是聽不懂！」

一開始，亞軒並沒有在意這些「玩笑」，她以為這只是大家對新來同學的好奇表現。然而，日子一天一天過去，這些嘲笑變得更加頻繁和刻意。在體育課上，亞軒因為語言不流利，無法立刻理解老師的指示，結果隊伍裡的同學在等她反應過來時，都顯得很不耐煩。一位同學不耐煩地說：「怎麼這麼慢，連這都聽不懂嗎？」其他同學則在旁邊笑著附和：「她就是不一樣嘛！」這種「不一樣」成了同學們標籤亞軒的理由。她的每一次言行都被放大，她每說一句話、做一個動作，都引來旁人的竊笑和低語。班裡的某些同學甚至背著她開始編造一些她的「趣事」，或者說她的習慣如何「怪異」。

她曾嘗試在課堂上表現自己，舉手發言，積極參與討論，但每次她的發言都伴隨著其他同學的小聲竊笑和輕視的眼神。她越來越少開口，漸漸地開始避開大家，盡量縮小自己的存在感。有一天，亞軒在體育課上意外跌倒時，幾個同學嘲笑地說：「她怎麼這麼笨，連走路都不會！」亞軒再也無法忍受，她當著大家的面哭了出來，衝出了操場。這一刻，所有同學才意識到，也許他們的「玩笑」早已變成了傷害。

## 毛律師來解惑

在這個案例中，表面上看來，亞軒遭遇的只是同學之間的「玩笑」和「不理解」，但事實上，這已經演變為一種文化差異下的霸凌行為。文化霸凌（cultural bullying）是指由於文化、種族或背景差異引起的持續性嘲笑、排擠或侮辱。這種霸凌行為往往在無意識中發生，因為大多數人並沒有意識到自己在傷害他人。

## 文化差異的誤解與標籤化

亞軒來自不同的文化背景，她的言行、語言和飲食習慣與班上其他同學有所不同。這些差異本應被尊重並包容，但由於文化差異未被理解，同學們對她產生了誤解，進而將她標籤化為「不一樣」的人。他們用嘲笑和排擠的方式來凸顯她的「異樣」，從而讓亞軒成為班級中被孤立的對象。

標籤化是一種隱蔽的霸凌形式，因為它強化他人對受害者的刻板印象，使得這些刻板印象成為集體共識，導致整個班級對亞軒的態度變得一致負面。

班上同學模仿亞軒的口音，並拿她的發音不標準開玩笑，這是典型的言語霸凌。這種模仿看似無傷大雅，但對於亞軒來說，這樣的行為直接針對她的身分認同，削弱她作為一個外來者的自信心。

言語霸凌的傷害在於它不僅針對外在的行為，更會影響到受害者的自我認知。亞軒本來希望通過語言與他人建立連結，卻因為嘲笑而感到自卑，逐漸不願再開口，從而形成一個惡性循環。

## 群體效應與默許的霸凌行為

當亞軒的同學們開始嘲笑她的飲食習慣和語言差異時,這些行為並不是單一個體的攻擊,而是逐漸演變為一種集體行為。班級中的其他同學即使沒有直接參與嘲笑,卻也默許這些行為的發生,這進一步強化了亞軒被孤立的局面。

群體效應使得霸凌行為在無形中擴大,形成了一種「正常化」的氛圍,即便那些沒有主動參與霸凌的學生,也因為害怕被孤立而選擇沉默。這讓亞軒無法獲得任何支持,並感到自己被整個班級排擠。

### 毛律師建議你

文化差異容易成為誤解的根源,而這些誤解在沒有被即時「調節」時,可能演變為霸凌行為。老師和學校應該扮演調解者的角色,幫助學生理解多元文化,建立包容的氛圍,防止因文化差異而導致的霸凌行為發生。

## 毛律師幫你抓重點

### 1. 文化霸凌的意涵

- 文化霸凌是指由於文化、種族或背景差異引起的持續性嘲笑、排擠或侮辱。這種霸凌行為往往在無意識中發生,因為大多數人並沒有意識到自己在傷害他人。

### 2. 面對文化霸凌的四個建議

- 提升文化敏感度
- 建立友善環境
- 即時介入處理
- 加強多元教育

**文化霸凌**

語言層面
- 模仿口音
- 嘲笑發音
- 貶低表達

行為層面
- 排擠孤立
- 放大差異
- 標籤化

群體效應
- 默許
- 集體嘲笑

圖 1-9　文化霸凌的三大面向:語言、行為、群體效應

## 1-10 老師被學生惡意羞辱，只能忍嗎？

——————————— 生對師霸凌規範及法律保障

明道是國小六年級生，向來調皮，對黎老師多有不尊重之言詞，讓黎老師相當頭痛。某天的數學課上，當黎老師正在黑板前講解一道幾何題目時，明道突然大聲插話，嘲諷道：「老師，你是不是智商有問題？這麼簡單的題目都講不清楚！」這句話引起了教室裡的其他學生竊笑，黎老師瞬間感到無比尷尬和羞辱，但明道依然面帶嘲笑地盯著她，讓她的教學尊嚴受到了極大的挑戰。

兩天後，黎老師剛踏進教室時，明道突然在座位上大聲喊道：「小心，老巫婆來了！」這句話引來全班學生的哄堂大笑。黎老師當下感到非常難堪，這種公開的侮辱讓她覺得自己被學生們完全輕視。

在下週的彈性課堂上，明道突然站起來，用誇張的語氣模仿黎老師的聲音說：「同學們，你們連這個都不懂嗎？」隨後，他還做出滑

稽的動作模仿黎老師的講課姿態，導致全班學生笑作一團，讓黎老師感到極度無助。隔天，當黎老師在課堂上叫到明道的名字時，他突然以嘲諷的語氣大聲說：「老師，你真的是老處女嗎？」全班學生聽後爆發出一陣哄笑。黎老師頓時臉色大變，感到無比的羞辱和尷尬，深深傷害了她的自尊心。

一週後，明道在她講解數學測驗題時，又突然打斷她，並大聲說：「老師，你是不是連這種簡單的題目都不會？是不是應該去補習班補補課？」這句話再次引發了全班的笑聲，讓黎老師的教學專業受到公開質疑，讓她倍感挫敗和無助。

## 毛律師來解惑

根據《校園霸凌防制準則》第 4 條第 1 項第 4 款規定：「霸凌：指個人或集體持續以言語、文字、圖畫、符號、肢體動作、電子通訊、網際網路或其他方式，直接或間接對他人故意為貶抑、排擠、欺負、騷擾或戲弄等行為，使他人處於具有敵意或不友善環境，產生精神上、生理上或財產上之損害，或影響正常學習活動之進行。」

在這個案例中，明道在半個月內對黎老師進行了持續的言語貶抑、欺負和戲弄，這些行為不僅嚴重傷害了黎老師的心理健康，也對她的教學工

作造成了極大的困擾，讓她在工作環境中感受到了深深的敵意和不友善。

## 校園霸凌不包括「生對師」情形

然而，《校園霸凌防制準則》第 4 條亦定義，校園霸凌的定義主要針對「相同或不同學校校長及教師、職員、工友、學生對學生，於校園內、外所發生的霸凌行為」。也就是說，該準則重點關注「師對生」或「生對生」的霸凌情形，並未涵蓋學生對教師的霸凌行為。因此，儘管明道的行為已經構成對黎老師的持續性騷擾和羞辱，但因為這些行為的對象是教師而非學生，黎老師無法依據該準則來對明道提起霸凌調查。

### 毛律師建議你

許多教師在面對這種情況時，可能會覺得自己處於弱勢，無法受到《校園霸凌防制準則》的保護。然而，事實上，教師不必因此感到氣餒。即使能根據該準則啟動調查，並最終認定學生構成霸凌，學校的處理方式通常仍以輔導和教育為主。尤其在小學階段，學生通常不會因此受到嚴厲的紀律處分。這樣的做法，對於希望「出一口氣」的老師來說，可能會顯得無力，難以真正解決問題或達到預期的震懾效果。

## 老師不必氣餒，從民事訴訟找出路

即便如此，這並不意味著黎老師在法律上無計可施。法律案件分為

行政、刑事和民事三大類，而校園霸凌調查屬於行政範疇，通常由學校依據相關法規進行調查和處理。儘管本案不符合《校園霸凌防制準則》的定義，黎老師無法通過行政程序解決問題，但她仍然可以透過司法訴訟來維護自己的權益。

如果黎老師希望對學生和家長起到警示作用，並且真正維護自己的名譽和尊嚴，提出司法訴訟可能是一個更為有效的選擇。通過民事訴訟，教師可以依法要求損害賠償，這不僅可以給予對方一個教訓，也能有效捍衛自己的權利。在本案中，明道的行為涉及公開的言語羞辱和貶抑，從法律角度來看，可能構成對黎老師名譽權和人格權的侵害。因此，黎老師可以依據民事法律提起損害賠償訴訟，要求明道及其法定代理人（明道的父母或監護人）對這些侮辱性言論所造成的精神損害進行賠償。這一途徑能夠讓教師在面對類似挑戰時，更有力地維護自己的尊嚴，並且通過法律途徑達到對行為者的有效震懾，促使學生和家長認識到言行舉止應該對他人負責的嚴肅性。

儘管如此，在處理這類案件時，學校和家長應該優先選擇加強對學生的輔導和教育，確保他們了解尊重他人的重要性，並矯正孩子的不當行為。如果經過這些努力後，問題仍然無法有效解決，或者對教師的傷害已經達到了一定的程度，教師可以考慮透過法律途徑來保護自己的權益。畢竟，提出司法訴訟對教師來說不僅需要投入時間和金錢，最終的損害賠償金額可能也會與預期有所差距。因此，教師應該根據具體情況權衡利弊，選擇最適合的處理方式。

## 毛律師幫你抓重點

**1** **《校園霸凌防制準則》定義：**

- 霸凌主要針對「師對生」或「生對生」的情形，並未將「生對師」的霸凌行為納入規範範圍。

圖 1-10　根據《校園霸凌防制準則》，「校園霸凌」不包括「生對師」情形

**2** **可行的法律途徑：**

- 老師可依法提起民事損害賠償訴訟，主張名譽權和人格權受侵害，要求未成年學生及其法定代理人連帶賠償精神損害。

CHAPTER

2

師生之間，
誰踩了誰的線？

## 2-1 惡師違法處罰孩子，我該怎麼做？

———————————— 師對生霸凌的應對機制及申訴管道

毅炫是國小一年級新生，原本對學校生活充滿期待。但這份期待很快被導師李珏的言行舉止摧毀了。李老師經常在課堂上辱罵學生，言語尖酸刻薄，甚至對毅炫說：「你這麼白目，欠揍嗎？還是以為自己很大尾？」這些言語讓毅炫感到羞辱和害怕。不僅如此，李老師甚至在上課時，拿起手中的課本，狠狠地打向毅炫的眼睛，力道之大讓他失去平衡，跌倒撞到桌子，眉角被桌角劃傷，血流不止。這一幕讓班上其他學生也驚恐萬分，從此對李老師產生了深深的畏懼。

李老師的教學內容也令孩子們倍感恐懼。有一次，她在課堂上毫無緣由地告訴學生：「如果你的腳斷了，放一個小時都沒事，把手切下來一天也不會死，血流太多綁起來就好了。」這種錯誤且恐怖的言論，讓孩子們心生恐懼，回家後作惡夢，不敢再提上課的事情。

某日，毅炋和另一個同學因為爭執而鬧矛盾，李老師非但沒有安撫和教導，反而冷冷地問：「你想怎麼樣？要我跟你媽媽講？道歉？還是報警處理？還是拿美工刀把他砍死？你自己選！」這番話讓學生們更加恐慌，不知道老師的話是認真的還是開玩笑，但這種恐懼卻深深植入了他們的心中。

最讓家長氣憤的是，孩子在李老師的課堂上，連最基本的生理需求都得不到保障。李老師制定了苛刻的規定，上課期間不准喝水、上廁所。毅炋因為害怕違規受罰，忍著不敢喝水，下課後因為渴得厲害，又怕上課時會想上廁所，所以只能少喝水。

結果有一天，他在上課時肚子突然劇痛，但因為害怕被罰，不敢跟李老師說要去廁所，只能強忍到下課。還有一次，毅炋因為不敢說要上廁所，結果在課堂上尿了褲子，被同學們嘲笑，心理陰影久久無法消除。家長們得知這一切後，感到無比憤怒和心痛。

## 毛律師來解惑

回顧李老師的言行，不難發現這些行為涉及多項嚴重的不當管教和違法處罰。就以本案例來說，李老師用課本打學生眼睛的行為顯然屬於體

罰，這種暴力行為無論在法律還是教育倫理上都是不被允許的。不僅如此，李老師在課堂上實施的種種限制措施，例如：不允許學生喝水、不准上廁所等，這些不當管教手段對學生的身心健康造成了不良影響，且嚴重違反了學生的基本權益。

## 不當管教和違法處罰衍生的問題

李老師的言語中還存在公然侮辱和恐嚇的情節，例如：李老師對學生的威脅性言語，這些行為不僅違反了《學校訂定教師輔導與管教學生辦法注意事項》，還可能已經是刑法的犯罪。這些重複的不當管教及犯罪行為，因為具有「持續性」，很可能已經構成對學生的霸凌。

依據過往的處理規定，類似的案例通常會由學校根據《校園霸凌防制準則》成立因應小組進行霸凌之調查和處理，同時，校事會議也要處理李老師不當管教及其他違法處罰之部分，以確保事件能夠得到全面、公正的處理。

然而，這樣的雙軌調查模式雖然旨在確保事件得到全面的審查和處理，但它也帶來了一些明顯的缺點。對學校來說，雙軌調查意味著需要動用雙倍的人力、物力和金錢（例如：委員之出席費、撰稿費）。這樣的重複程序無疑增加了學校的行政負擔，浪費大量的資源和時間。

對老師、家長和學生來說，雙軌調查的重複性也意味著他們必須多次參與同樣的程序，反覆陳述事實、提交證據，這不僅加重他們的心理負擔，還可能延長事件的處理時間，影響解決問題的效率和效果。老師、家長和學生需要在不同的程序中來回奔波，這對他們來說無疑是一種不必

要的折磨和浪費。

## 「師對生霸凌」的應對機制

基於這些考量，113 年 4 月 19 日之後的新法規將「師對生霸凌」的調查統一由《高級中等以下學校教師解聘不續聘停聘或資遣辦法》下的校事會議進行處理（參見《校園霸凌防制準則》第 7 條第 1 項第 2 款但書）。這意味著，從這一日期之後，所有教師對學生的不當或不法行為，不再由傳統的雙軌調查模式處理，而是統一由校事會議進行調查。這種調整旨在加強對此類事件的統一管理，確保調查的權威性和公正性。

### 毛律師建議你

根據《高級中等以下學校教師解聘不續聘停聘或資遣辦法》第 5 條第 1 項規定：「被害人或其法定代理人、實際照顧者，知悉教師疑似涉及第 2 條第 4 款或第 5 款規定情形時，得向行為人行為時所屬之學校（以下簡稱調查學校）檢舉。」

家長和學生在面對這類情況時，得根據此一法律和程序，依法維護自身權益，建議保存相關證據資料，向學校提出檢舉，要求校事會議啟動調查程序，以確保事件能夠得到公正的處理，並為受害學生提供應有的保護和支持。

家長或學生檢舉時應填具檢舉書，載明下列事項，由檢舉人簽名或蓋章：

❶ 檢舉人姓名、聯絡電話及檢舉日期；

❷ 被害人、其法定代理人或實際照顧者檢舉時，應載明被害人就讀學校及班級；

❸ 檢舉之事實內容，如有相關證據，亦應記載或檢附。

此外，家長或學生當面以口頭向學校檢舉者，學校應協助其填寫檢舉書。學校經大眾傳播媒體之報導、警政、社政、衛生機關或醫療機構之通知而知悉者，視同接獲檢舉。

## 毛律師幫你抓重點

**家長與學生可採取的行動**

- 李老師言行涉及多項嚴重的不當管教和違法處罰。
- 依《高級中等以下學校教師解聘不續聘停聘或資遣辦法》第 5 條規定向學校提出正式提出檢舉。

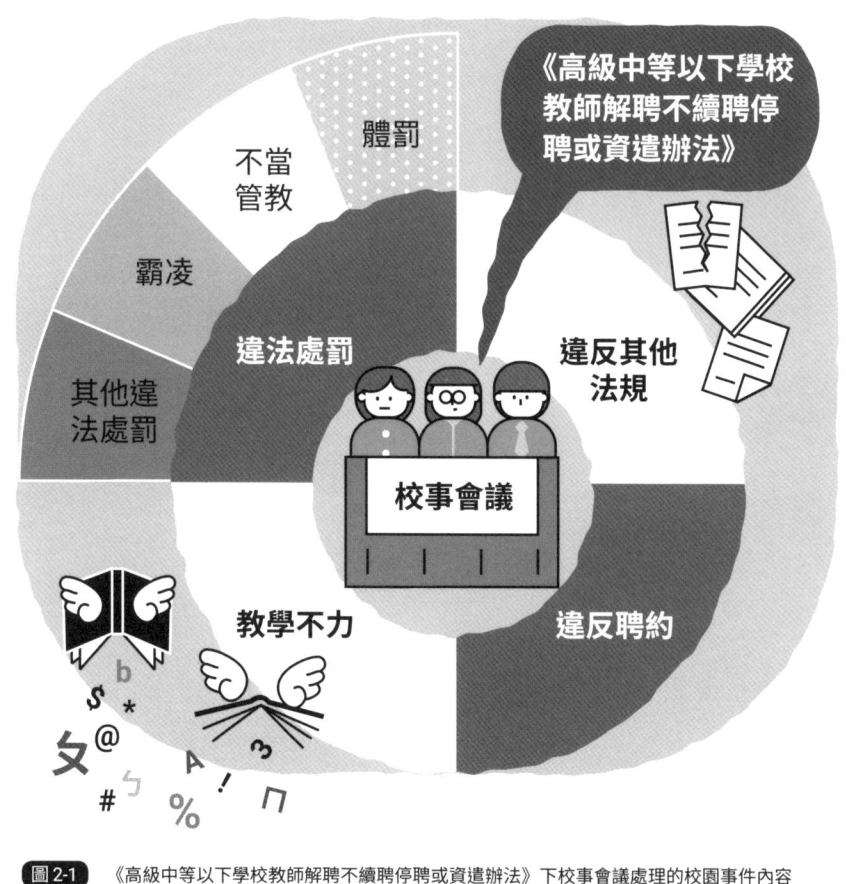

圖 2-1　《高級中等以下學校教師解聘不續聘停聘或資遣辦法》下校事會議處理的校園事件內容

## 2-2 一句善意提醒，卻換來檢舉投訴？

校事會議調查流程與法規

王老師在國小三年級的班上跟同學說：「智弘最近請假的次數特別多，不要這麼常請假喔，這樣學習會落後。」這句話立即引起了學生們的注意，當事人智弘也聽在耳裡。他回家後對父母說：「老師在班上說我請假太多，還說這樣不好，我覺得老師在霸凌我。」

智弘的父母聽後感到非常不滿，認為老師不應該在全班面前公開指責孩子的行為。於是，他們在聯絡簿上留言：「老師，孩子請假是因為身體不舒服，當眾這樣說孩子真的合適嗎？」王老師看到留言後，覺得需要進一步溝通，於是回覆道：「家長經常依孩子的要求請假，這樣真的對孩子好嗎？」

這回覆讓智弘的父母更加惱火，認為老師是在質疑他們的教育方式，雙方的矛盾隨之升級。智弘的父母不僅開始質疑王老師的專業

素養和對孩子的態度,甚至投訴到教育局,要求介入調查。

接到教育局的通知後,學校迅速在七日內召開了校事會議。會議依據《高級中等以下學校教師解聘不續聘停聘或資遣辦法》第 13 條第 1 項第 1 款的規定,認為根據家長的檢舉內容,事件情節未達到解聘、不續聘或終局停聘的程度,因此決定無需組成調查小組,而是由學校直接派員進行調查。最終,學校的調查結果認定,王老師的行為並不構成霸凌。

## 毛律師來解惑

### 校事會議研判依據

在這個案例中,當學校接到家長對王老師的投訴時,校事會議依據相關規定進行了討論和判斷。而校事會議依據《高級中等以下學校教師解聘不續聘停聘或資遣辦法》第 3 條可進行初步研判。從學生受到身心侵害的角度來看,老師僅是在課堂上以平和的語氣提醒請假次數可能影響學習,並未使用貶抑或羞辱的字眼,對學生心理的影響程度相當輕微。

就教師行為應受責難的程度而言,王老師的提醒顯然出於對學生學習

狀況的關心，並非出於惡意或故意傷害。從侵害行為的次數與頻率來看，這只是一個單一的提醒事件，並非持續性或重複性的言行。王老師也沒有在其他場合反覆提及此事，更未採取任何強制或懲罰性的手段。基於上述分析，校事會議認定本案情節輕微，依據《高級中等以下學校教師解聘不續聘停聘或資遣辦法》第13條第1項第1款規定，決定無須組成調查小組，而採取由學校直接派員調查的方式處理。

## 毛律師建議你

根據《高級中等以下學校教師解聘不續聘停聘或資遣辦法》，校事會議在接獲檢舉時，有兩種調查方式可以選擇。

### 1. 學校直接派員調查

校事會議可以根據檢舉書的內容進行判斷。如果認為教師的行為（除性別事件外）不當，即使成立，但情節尚未嚴重到需要解聘、不續聘或終局停聘的程度，例如：僅涉及記過等輕微懲處，學校可以選擇「直接派員調查」。這類調查的負責人數及資格不限，可以是校內或校外人員，也不需要是人才庫中的人選。在權衡教師行為以及學生受侵害的程度之下，以這樣的處理方式相對簡單也不會損害教師或學生的權利，法規只要求提交「簡要報告」，說明事實經過和建議處理方式即可（參見《高級中等以下學校教師解聘不續聘停聘或資遣辦法》第22條第5項），這方式有助節約有限的資源，避免在每個案件上投入過多的時間和精力。

## 2. 組成調查小組

相較於「學校直接派員調查」，若選擇組成調查小組，程序則顯著繁複。根據《高級中等以下學校教師解聘不續聘停聘或資遣辦法》第 16 條規定，學校須請主管機關從調查人才庫中推舉三至五倍名額的學者專家，再從中遴選三人或五人為調查委員，並應全部外聘，且原則上應至少包含一名法律專家學者（偏遠地區學校除外）。此外，調查期間須邀請教師會與家長會代表陳述意見；若無教師會，則應改由未兼任行政或董事職務的教師代表參與。整體而言，調查小組的組成與運作所需人力、時間與行政資源均遠高於「學校直接派員調查程序」。

然而，當教師行為可能構成較重大懲處（如解聘、不續聘或終局停聘），學校即有義務依法組成調查小組，展開嚴謹調查，以確保調查程序的公正性與完整性。

# 校事會議調查規範

具體來說，校事會議在決定調查方法時應遵循以下規定：

❶ 若案件涉及《公立高級中等以下學校教師成績考核辦法》第 6 條所定的教師懲處情形，但其情節明顯未達到應依《教師法》第 14 條至第 16 條或第 18 條予以解聘、不續聘或終局停聘的程度，校事會議可決議無須組成調查小組，由學校直接派員調查。

❷ 若案件涉及《教師法》第 14 條第 1 項第 8 款至第 11 款、第 15 條第 1 項第 3 款、第 5 款、第 16 條第 1 項或第 18 條第 1 項的情形，則必須由校事會議依本辦法規定組成調查小組進行調查。

在調查過程中，如果學校自行派員調查的事件發現實際上涉及應依《教師法》第 14 條至第 16 條或第 18 條予以解聘、不續聘或終局停聘的情形，應報學校確認後，由校事會議決議組成調查小組進行全面調查。這樣的規定使得校事會議能夠根據案件的嚴重程度靈活選擇調查方式，既確保了資源的合理運用，也保障了調查過程的公正性和效率。

## 毛律師幫你抓重點

**校事會議之調查方式有以下兩種：**

| 調查方式 | 自行派員調查<br>（輕微案件） | 組成調查小組<br>（嚴重案件） |
| --- | --- | --- |
| 案件性質 | 情節明顯未達解聘、不續聘或終局停聘程度 | 情節嚴重可能涉及解聘、不續聘或終局停聘程度 |
| 依據 | 《高級中等以下學校教師解聘不續聘停聘或資遣辦法》第13條第1項第1款 | 《高級中等以下學校教師解聘不續聘停聘或資遣辦法》第13條第1項第2款 |
| 適用情況 | 涉及《公立高級中等以下學校教師成績考核辦法》第6條的懲處情形 | 涉及《教師法》第14-16條、第18條情形 |
| 報告要求 | 製作「簡要」調查報告，說明事實經過和建議處理方式 | 須製作完整調查報告 |
| 人選來源 | 自行指派 | 主管機關應從調查人才庫中提供9-25人的候選名單，由學校從中遴選3人或5人委員組成調查小組 |

099

| 調查方式 | 自行派員調查<br>（輕微案件） | 組成調查小組<br>（嚴重案件） |
| --- | --- | --- |
| 人數限制 | 無限制 | 3人或5人 |
| 外聘要求 | 無特別要求 | 委員須全部外聘；<br>須至少1位法律專家學者(偏遠地區除外) |
| 其他 | 無 | 須邀請教師、家長代表陳述意見 |

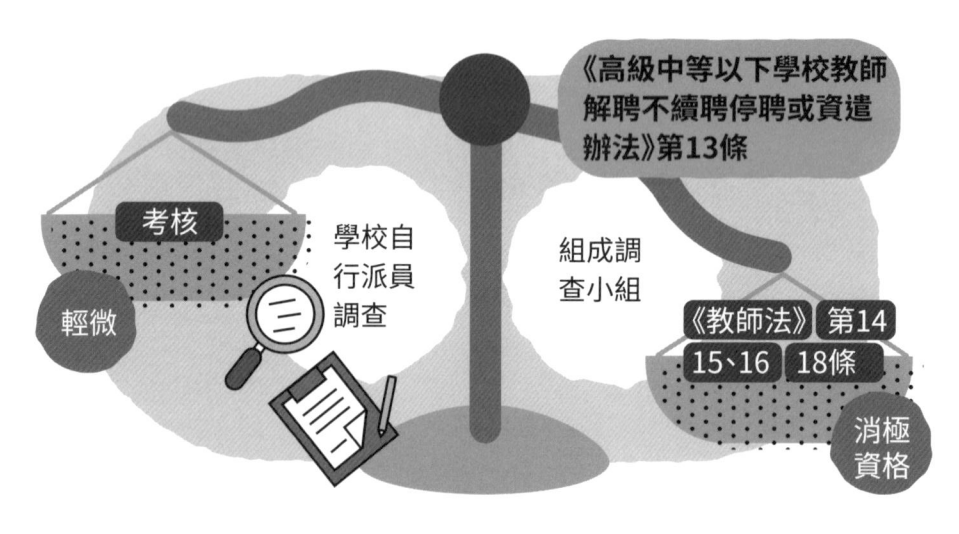

考核

輕微

學校自行派員調查

組成調查小組

《高級中等以下學校教師解聘不續聘停聘或資遣辦法》第13條

《教師法》第14、15、16、18條

消極資格

圖 2-2　依案件嚴重程度的不同處理方法

# 2-3 老師長時間「冷處理」學生，也可能觸法？

―――――― 持續性漠視學生的風險與影響

國小二年級的孟潔，經常在課堂上舉手，試圖參與討論，然而每次她舉手發問時，林老師總是視而不見，選擇回答其他同學的問題。其他學生也開始注意到這一點，認為林老師不喜歡孟潔，於是漸漸也不與她互動。每次下課時，孟潔的問題都未得到解答，這讓她對自己感到更加不確定，也開始懷疑自己的學習能力。

除此之外，每當林老師批改作業時，其他學生的作業本上總會寫滿了林老師的鼓勵性評語，比如「表現不錯，加油！」或「進步很多，繼續努力！」然而，孟潔的作業本卻總是空白的，沒有任何評語或建議。這讓孟潔感到自己被忽視了，似乎她的努力和學習都不被林老師看見和重視。

孟潔越來越感到孤立無助，不僅在學業上無法得到林老師的支持，

心理上也承受著極大的壓力。這種持續的冷漠與忽視，逐漸讓她感到自己彷彿不存在於這個班級中，這導致她精神上開始出現問題，如焦慮、失眠，並逐漸喪失學習動力。

## 毛律師來解惑

根據《校園霸凌防制準則》第 4 條第 1 項第 7 款的規定，明確指出教師對學生的霸凌行為。霸凌不僅限於肢體或言語攻擊，消極漠視或故意忽略學生的需求，同樣可以構成一種心理層面的霸凌。

孟潔在課堂上多次舉手回答問題，但林老師卻選擇視而不見，這不僅是一種冷漠的行為，更是一種對學生學習積極性的打擊。當學生勇於舉手發言，這是他們主動參與學習、表達自己想法的方式。而老師的忽視，使得孟潔的學習動機被削弱，甚至感到自己不被重視或是無足輕重。這樣的消極漠視行為，讓孟潔感受到強烈的孤立和不友善，已經符合《校園霸凌防制準則》第 4 條中所定義的「排擠」。

### 忽視學生的情感需求

作業是師生間學習互動的重要部分，老師的評語能夠幫助學生了解

自己的學習進展，並感受到老師對他們的關注與期待。然而，林老師刻意不在孟潔的作業上留下任何評語，這不僅僅是一種忽視，還是一種心理層面的排擠。當其他學生都能得到老師的肯定或建議，孟潔卻只能看到自己的作業被空白對待，這會讓她感到被排擠和不被重視，進一步加深她的孤立感。

學生不僅需要學習上的指導，情感上的支持同樣重要。林老師對其他學生的關懷與評價，讓孟潔感受到自己與同學之間的差異。她不僅失去了來自教師的認可，還會因此感到自己被排斥，這種感受在心理上造成了明顯的傷害。《校園霸凌防制準則》所提及的霸凌行為特徵包括「使他人處於具有敵意或不友善環境」，孟潔在這樣一個被忽視和漠視的環境中，無疑是受害者。

## 老師消極處理的風險

教師如果選擇不干預或消極處理學生的問題，這種做法帶來的風險是多重的。首先，這樣的做法可能導致教學效果的低下，因為學生的需求無法得到即時滿足，學習困難也得不到適當解決。更為嚴重的是，因為學生在教師的忽視下會感到自己不被重視或關心，進而陷入孤立與自卑的情境，這種消極態度可能演變為對學生的精神霸凌。

## 毛律師建議你

若發現教師對學生的冷漠或霸凌行為，如有人檢舉，學校應立即啟動調查程序，並依照《高級中等以下學校教師解聘不續聘停聘或資遣辦法》進行處理，若情節嚴重應組調查小組，以保障學生的權益。家長應保存相關事證，適時向學校反映，並同時關注孩子心理狀況。

## 積極輔導，防止霸凌

教師在學校中扮演著重要的輔導者和管教者角色，這不僅是他們的職責，也是法律賦予的義務。教師積極參與學生的學習與生活，發現並解決問題，而避免透過消極避讓來減少「衝突」或「麻煩」。唯有積極正向的師生互動，才能營造健康的教育環境。

## 毛律師幫你抓重點

**老師消極處理及漠視學生需求的後果**

- 根據《校園霸凌防制準則》，持續性的消極漠視行為或故意忽略學生的需求，可能構成霸凌。

**學校端**
- 接獲檢舉後應立即啟動調查
- 依《高級中等以下學校教師解聘不續聘停聘或資遣辦法》處理
- 視情節嚴重度決定是否組成調查小組

**教師端**
- 檢討教學互動方式
- 建立公平對待機制
- 落實教育專業倫理

**家長端**
- 保存相關事證
- 適時向學校反映
- 關注孩子心理狀況

圖 2-3　學校、教師、家長端面對消極漠視行為的可行應對措施

## 2-4 我是在指導學生，怎麼會越界？

──────── 師生互動的法律紅線與行為規範

辜老師是年輕有為的高中音樂老師，上課非常有趣，很快就成為了學生們心目中的偶像，也跟學生打成一片。他不僅在音樂教學上充滿熱情，還經常利用課餘時間指導學生，組織各種音樂活動。

高二的怡儒是個優秀的鋼琴手，在辜老師的指導下，她的琴藝突飛猛進。兩人經常一起討論音樂，有時甚至會在放學後一起彈琴到很晚。一開始大家都認為辜老師願意犧牲自己的下班時間陪怡儒練琴，真的非常用心，但一些細節開始引起了同學們的注意。

辜老師似乎對怡儒格外關照，常常單獨指導她，有時還會送她回家。更引人注目的是，有同學看到辜老師和怡儒在校外的咖啡廳見面，兩人相談甚歡，辜老師還會伸手撫摸怡儒的臉、撥一下她的瀏海。這些行為在學校裡引發了不小的爭議。有人認為辜老師只是在

盡心盡力地培養人才，他的行為無可厚非。也有人覺得辜老師的行為已經逾越了正常師生關係的界線。在一次校外音樂比賽後，辜老師主動提出送怡儒回家。第二天，有同學說看到辜老師的車半夜停在一家飯店的停車場。雖然沒有直接證據證明怡儒也在場，但這個消息還是在學校裡引起了軒然大波。校方得知此事後立即通報，性平會開會受理並展開調查，學校也在調查期間停聘辜老師。

## 毛律師來解惑

當師生關係越過專業倫理的邊界，無論出發點多麼無害，都可能對學生和教師產生深遠的負面影響。

雖然辜老師可能認為自己的行為只是在幫助一個有天賦的學生，但單獨送學生回家、在校外見面等行為都可能被視為不恰當。而且，怡儒作為未成年人，更需要得到特別的保護。《性別平等教育法》第3條第3款第4目明確規定：「校長或教職員工違反與性或性別有關之專業倫理行為：指校長或教職員工與未成年學生發展親密關係，或利用不對等之權勢關係，於執行教學、指導、訓練、評鑑、管理、輔導學生或提供學生工作機會時，在與性或性別有關之人際互動上，發展有違專業倫理之關係。」此外，《校園性別事件防治準則》第8條明確規定，教職員工不得與未成年學生發展有違專業倫理的關係。辜老師的行為似乎已經觸碰到了這一條紅線。

## 師生權力不對等，學生處於弱勢

此外，辜老師和怡儒之間明顯存在權力不對等。辜老師不僅是她的老師，還是學校裡有影響力的人物。他不僅掌握她的音樂評分權，還有著指導她音樂發展的權力。這樣的關係讓怡儒處於弱勢，她可能在情感上對辜老師產生依賴，因為她覺得老師對她的關注是她進步的關鍵。但同時，這也讓她無法拒絕老師的要求，無論是單獨練習還是被送回家，這種無法拒絕的壓力可能讓她感到內心的困擾。

更需要注意的是，當學生間開始流傳辜老師和怡儒之間的緋聞時，不僅影響了怡儒在學校的評價，也可能給辜老師的職業生涯帶來巨大的負面影響。一個簡單的謠言很可能在短時間內發酵成為全校甚至社會的焦點。這給當事雙方都帶來沉重的心理負擔，怡儒可能開始感到孤立，而辜老師則面臨職業道德和聲譽的考驗。學校在發現這種情況時，有責任立即進行調查和干預。該學校的做法是正確的，他們迅速展開調查，並採取了暫停辜老師工作的措施，以保護學生和維護校園秩序。

### 毛律師建議你

辜老師雖然在音樂教學上很有熱情，但他與怡儒過於親密的互動已經引起了質疑。即便出於好意，老師也不應該與學生發展超出正常師生關係的互動。建議老師在公開、透明的環境中與學生互動，避免產生誤解或不必要的猜測。此外，也應時刻保持專業態度，避免與學生發展過於親密的關係。

師生之間存在天然的權力差距。老師掌握著評價、指導學生的權力，這可能會導致學生，尤其是未成年學生，難以拒絕老師的要求或邀約。在媒體發達及訊息傳播如此迅速的今天，老師的一舉一動都可能成為公眾討論的焦點。辛老師和怡儒的互動引發的廣泛討論，這也提醒我們，老師不僅要注意行為本身對學生帶來的影響，還要考慮到行為可能產生的社會影響。

## 留意師生互動界線

　　在我辦理過的校園師生關係案件中，我觀察到教師越界行為通常呈現漸進式的發展模式。最初往往始於初始階段的正常教學輔導，看似無害且符合教育專業。隨後進入過渡階段，教師開始提供特殊關照或單獨指導特定學生，這時警訊已經浮現但常被忽視。若無適當調整，情況可能惡化至越界階段，教師會安排私下約會或有身體接觸等明顯不當行為。最嚴重的是違規階段，包括深夜接送或其他明顯違反教師專業倫理的關係。這種四個階段漸進模式在我處理過的案例中反覆出現，提醒我們必須在早期階段就建立明確的界線意識，並鼓勵學校建立預防機制，避免情況惡化至難以挽回的地步。

## 毛律師幫你抓重點

**1 教師行為規範**

- 《校園性別事件防治準則》明確規定,教師不得與未成年學生發展違反專業倫理的關係,學校也應負起監督與調查責任。

**2 教師與學生互動應該需要注意的五大要點**

- 時刻保持專業態度,避免與學生發展過於親密的關係。
- 在公開、透明的環境中與學生互動。
- 尊重學生的隱私和個人空間。
- 謹慎使用社群媒體與學生互動。
- 遇到疑難情況時,即時向學校主管或同事尋求建議。

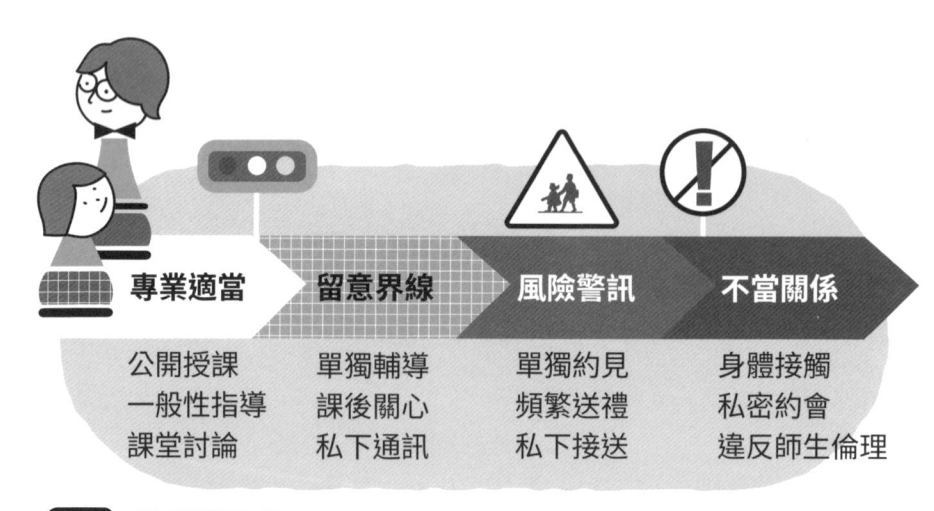

| 專業適當 | 留意界線 | 風險警訊 | 不當關係 |
|---|---|---|---|
| 公開授課 | 單獨輔導 | 單獨約見 | 身體接觸 |
| 一般性指導 | 課後關心 | 頻繁送禮 | 私密約會 |
| 課堂討論 | 私下通訊 | 私下接送 | 違反師生倫理 |

圖 2-4 師生專業界線示意圖

# 2-5 師生戀，到底行不行？

------- 違反師生專業倫理的嚴重後果

二十五歲的容泰是高一新手導師，負責帶班兼教授數學。他因真誠對待每個學生而在班上建立起信任感。班上十七歲的品瑜，學習認真。起初，她只是留下來與老師討論數學習題，後來討論逐漸延伸到課本以外的話題。

那天下午，容泰返回教室拿東西，發現品瑜獨自坐在角落，眼眶泛紅。他雖猶豫了一下，但還是問她怎麼了。自那次談話後，他們的互動悄然發生改變：有時是放學後品瑜主動留下問問題；有時是午休時段在圖書館偶遇；偶爾是週末在社區咖啡廳的巧遇。每次相處都讓他們發現彼此更多相似之處，而這種連結逐漸超出了師生關係的邊界。

容泰知道這是錯的，但他無法控制自己的感情。他試圖說服自己只

是關心學生，但當他看到品瑜的笑容時，心中的愛意如潮水般湧現，品瑜也深陷其中。在她眼中，容泰不僅是一個優秀的老師，更是一個成熟體貼的男人。終於，在容泰的生日那天，兩人再也無法克制感情。在容泰的車裡，他們緊緊相擁，深情親吻。那一刻，兩人都感受到了前所未有的幸福和罪惡感。然而，現實是殘酷的。他們的關係很快被學校發現。

後來學校啟動調查，性平會依據調查小組之報告認定品瑜未滿十八歲，容泰已是成年人，身為品瑜的導師，兩人間存有地位、知識、年齡、身分不對等之狀況，且容泰未善盡為人師表之責任與義務輔導學生，未能謹守師生分際及教師專業倫理，與品瑜發展逾越師生關係之情感與顯然違反師生分際之親密互動行為，容泰的行為顯然已違反《性別平等教育法》第3條第3款第4目、《校園性別事件防治準則》第8條、《教師法》第32條第1項第6款、第10款規定，最終教評會依據調查報告所調查之事實及證據，認定容泰確有《教師法》第15條第1項第5款所定「行為違反相關法規，經學校或有關機關查證屬實，有解聘之必要」之情事，予以解聘兩年。

## 毛律師來解惑

### 性平會調查範疇

根據《性別平等教育法》第 3 條第 3 款第 4 目的規定，校園性別事件包括「校長或教職員工違反與性或性別有關之專業倫理行為」，這類行為是指校長或教職員工與未成年學生發展親密關係，或利用不對等之權勢關係，於執行教學、指導、訓練、評鑑、管理、輔導學生或提供學生工作機會時，在與性或性別有關之人際互動上，發展有違專業倫理之關係。這類案件屬於學校性平會應調查之校園性別事件。

### 師生戀的倫理問題與教師專業責任

根據《校園性別事件防治準則》第 8 條第 1 項的規定，教師與未成年學生在性或性別相關的人際互動上，不得發展以性行為或情感為基礎的關係。這種關係不僅違反專業倫理，還可能對教學環境和其他學生產生負面影響。因此，教師應謹守分際，保持專業和倫理標準，以維護教育機構的聲譽和學生的權益。

### 違反《教師法》的後果

本案件中，雖然高中依據《教師法》第 15 條規定決議解聘容泰且兩

年內不得聘任為教師。但應注意的是，若違反《校園性別事件防治準則》第 8 條第 1 項規定，情節嚴重者，學校可能會依照《教師法》第 14 條第 1 項第 11 款規定決議該師「終身不得聘任為教師」。且這類行為同時可能構成《教師法》第 14 條第 1 項第 4 款、第 5 款「性騷擾、性霸凌、性侵害行為，經學校性平會或依法組成之相關委員會調查確認」的情形，導致教師遭受解聘且終身不得聘任為教師的嚴重後果。因此，教師在師生戀這條紅線上，必須謹慎行事，避免觸犯法律，否則不僅會失去工作，還可能終身無法再任教。

### 毛律師建議你

在這個案例中，容泰因與未成年學生發展不當關係，導致其教職生涯遭遇重大打擊。教師應謹守專業倫理，嚴守師生分際，避免因情感上的失控而破壞自身職業前途。

## 避免與學生單獨相處

師生戀不是浪漫，是職業生涯的炸彈。因此，最具體的做法是盡量避免與學生單獨相處，或與學生保持專業距離，與學生建立明確界線。同時，也提醒所有教育工作者，師生之間的感情不僅是一種個人問題，更是一個涉及到學校聲譽與學生權益的嚴肅問題。

## 毛律師幫你抓重點

**教師觸犯師生倫理規範的嚴重後果**

- 依《教師法》、《性別平等教育法》與《校園性別事件防治準則》相關規定，教師若觸犯規範，情節嚴重者將被學校列入終身不得聘任的名單，因此教師應謹慎行為，避免影響自身職涯。

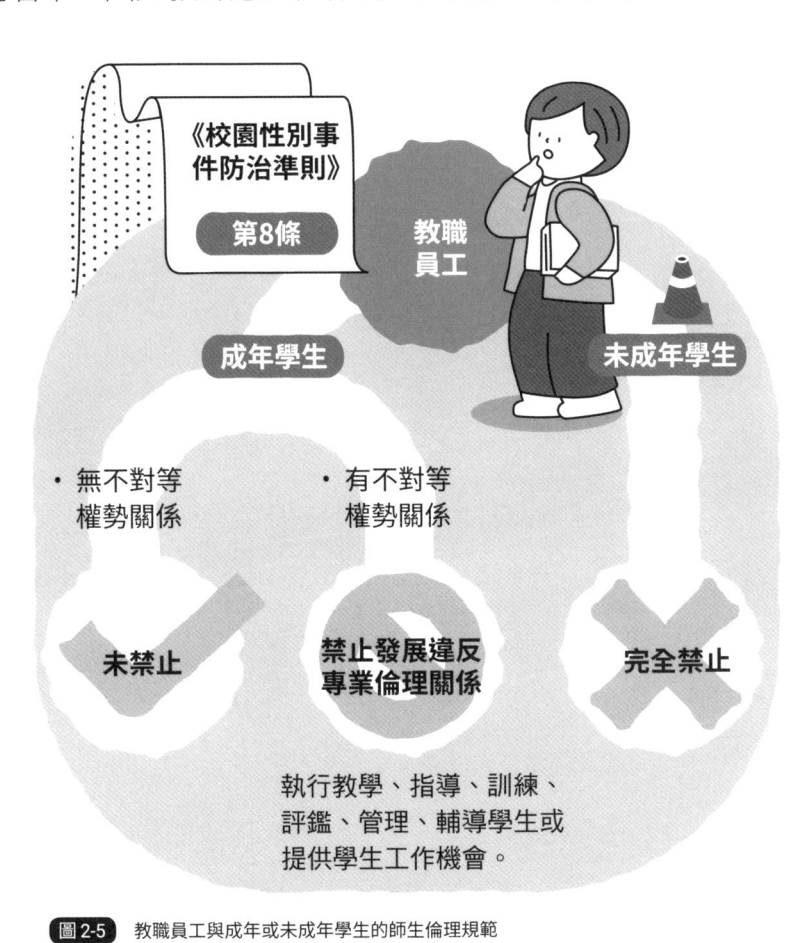

《校園性別事件防治準則》第8條

教職員工

成年學生　　未成年學生

- 無不對等權勢關係
- 有不對等權勢關係

未禁止　　禁止發展違反專業倫理關係　　完全禁止

執行教學、指導、訓練、評鑑、管理、輔導學生或提供學生工作機會。

圖 2-5　教職員工與成年或未成年學生的師生倫理規範

CHAPTER

# 3

## 學校，
## 你在搞什麼飛機？

# 3-1 在安親班發生的衝突事件，學校也要處理嗎？

―――――― 霸凌的適用範圍及場域

國小四年級的小傑，放學後會到學校對面的安親班。某天，小傑無意中捉弄了不同校的政揚，雖然當時政揚表面上沒有表現出不滿，但內心卻積累了怨氣。

接下來的三週，小傑明顯感受到安親班裡的氣氛變得冷淡起來。他逐漸被孤立，政揚還煽動其他同學一起捉弄他。放學後，當小傑一如往常走出安親班，政揚帶著幾個朋友在外面堵住他，惡狠狠地說：「今天我要教訓你！」他們把小傑推到牆邊，用保麗龍棒打他的頭。小傑無助地保護著自己，不敢反抗。

這一幕被那群同學拍了下來，並悄悄地發布到網上。不僅如此，這群人還在小傑最喜歡的線上遊戲中惡意更改他的暱稱，使用侮辱性字眼來取笑他。每當小傑登入遊戲時，看到自己被改成那些難聽的

詞語，心裡無比難過和羞辱。小傑的情緒越來越低落，終於有一天，他忍不住告訴了媽媽所有的真相。不久後，這個事件被媒體報導出來，成為了公眾關注的焦點。

雖然小傑的霸凌事件是發生在安親班和校園外的其他場所，但根據《校園霸凌防制準則》第 4 條第 1 項第 5 款規定，校園霸凌包括在校園內或校園外發生的，無論是同校或不同校的學生之間的霸凌行為。因此，儘管事件的主要發生地點在安親班這樣的校園外環境，這仍然屬於「校園霸凌」的範疇，學校有責任對此進行處理。

## 毛律師來解惑

小傑遭受的霸凌事件雖然發生在安親班和網路上，但根據《校園霸凌防制準則》，這仍屬於校園霸凌範疇。根據該準則第 18 條規定，霸凌事件的檢舉管道如下：

❶ **誰可以檢舉**：被霸凌者（小傑）、其法定代理人（小傑的父母）或實際照顧者可向霸凌行為人（政揚等人）所屬的學校提出檢舉。

❷ **向誰檢舉**：應向行為人（政揚等人）當時所屬的學校提出檢舉。若今天主張霸凌之行為人是校長，則向該校所屬主管機關檢舉。

❸ **其他知情人**：其他知悉霸凌事件的人，也可以向相關學校或主管機關檢舉。

如果學校已合併或停辦，則由合併後的學校或行為人現在就讀的學校負責調查。若行為人已無所屬學校，則由事發時的學校主管機關處理。

### 毛律師建議你

## 檢舉書內容

小傑媽媽應向政揚所屬學校提出正式檢舉，檢舉書應包含：

❶ **基本資訊**：檢舉人姓名、聯絡電話及檢舉日期；

❷ **相關人員資料**：被霸凌者（小傑）及行為人（政揚等人）的就讀學校、班級；

❸ **事實描述與證據**：詳細說明霸凌過程，包括安親班外的暴力行為、網路遊戲中的侮辱行為等，並附上影片、截圖等相關證據。

這樣的檢舉能幫助學校全面了解事件，並依法進行妥善處理，保護小傑的權益。

## 五大注意事項

小傑媽媽在提出檢舉時，需要注意以下五點：

❶ **檢舉書必須包含具體內容**：根據《校園霸凌防制準則》第 25 條規定，檢舉書需有明確內容且檢舉人須具真實身分，否則學校可能不予受理。因此，小傑媽媽應詳細描述霸凌發生的時間、地點、人物和具體行為，並提供所有可能的證據。

❷ **檢舉方式有兩種**：

　1. **書面檢舉**：準備完整的檢舉書提交給學校。

　2. **口頭檢舉**：親自到校說明情況，學校會協助填寫檢舉書（參《校園霸凌防制準則》第 18 條第 4 項規定）。

❸ **媒體報導也會觸發調查**：即使小傑媽媽沒有正式檢舉，由於此事件已經被媒體報導，學校應該主動將此視為檢舉案件並展開調查。

❹ **學校處理時間**：學校接到檢舉後，審查小組會先決定是否受理。若受理，學校必須在五個工作日內組成處理小組開始調和或調查。

❺ **檢舉人受法律保護**：學校不得因為小傑媽媽檢舉霸凌事件而對小傑做出任何不利的處分。這項保護措施是為了鼓勵家長和孩子勇敢站出來舉報霸凌行為。

## 毛律師幫你抓重點

**1  檢舉程序的規範（《校園霸凌防制準則》第 18 條）：**

- 可由被行為人、其法定代理人或實際照顧者提出
- 知悉者均可檢舉
- 媒體報導視同檢舉
- 向行為人所屬學校檢舉

**2  校園霸凌的範圍認定（《校園霸凌防制準則》第 4 條）：**

- 不限於校內發生
- 包含校外霸凌事件
- 涵蓋同校或不同校學生之間的霸凌

圖 3-1　校園霸凌的適用範圍與處理流程

# 3-2 教育局與學校互踢皮球？

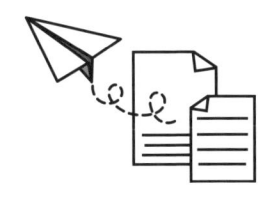

———————— 案件處理的權責劃分與程序

國小五年級的逸勝垂頭喪氣地回到家中，眼鏡的鏡片被摔碎，臉上還有一些小擦傷。他的媽媽心疼地詢問發生了什麼事，逸勝含著淚說：「今天下課時，友田和他的朋友故意把我的眼鏡摔壞了，還推我，罵我白癡。」

逸勝媽媽聽完後馬上打電話給學校，希望學校能夠妥善處理這件事。學校說會依照《校園霸凌防制準則》進行處理，但逸勝媽媽心裡總覺得學校可能會輕描淡寫，因為她聽說學校以往對類似事件的處理方式不夠積極。幾個月後，在一次課間活動中，逸勝再次被友田等人圍住。他們玩起了撿石頭丟牆壁的遊戲，但其中一塊磚頭意外砸中了逸勝的頭部，導致他頭部受傷出血。校護趕來後立刻為逸勝進行了簡單的包紮，並通知了逸勝媽媽到校了解情況。

逸勝媽媽趕到學校後，看到兒子頭上的傷口，氣得質問學校為何會發生這樣的事。老師和校長一再強調這只是一起意外，說已經教訓過那些同學了。但媽媽覺得學校根本就是在敷衍，沒把事情當一回事。逸勝媽媽對學校處理這些事件的方式越來越不滿，決定直接向教育局反映情況，希望市府管一管。沒想到市府教育局又把案件踢回學校處理，逸勝媽媽認為學校及教育局都在互相推卸責任，沒人願意認真面對校園霸凌問題。

## 毛律師來解惑

根據《校園霸凌防制準則》第 18 條的規定，校園霸凌事件應由「行為發生時學生所屬的學校」負責調查，這是因為：

❶ 學校對學生的行為和背景最為了解；
❷ 學校能夠更快速、直接地介入和處理事件；
❸ 學校具有第一手的資訊和資源來進行調查。

在本案例中，雖然逸勝媽媽向市府教育局反映了情況，但根據規定，教育局並不能直接介入調查，而是需要將案件交由學校來進行處理。教育局的角色主要是督導和監督，確保學校依據相關法律和規定，妥善處理這起事件。

## 學校處理的專業性

學校在接到家長的檢舉後，若經審查小組受理案件，校方必須按照《校園霸凌防制準則》第 27 條的規定，於五個工作日內組成處理小組，對事件進行調查或調和。這個處理小組的組成具有一定的專業性保障，因為根據規定，至少過半數的處理小組委員應來自「生對生霸凌事件專業調和及調查人才庫」（簡稱人才庫）。

人才庫中的人員都是經過中央主管機關培訓合格的專業人士，這些專業人員包括法律、教育、心理、輔導、社會工作等領域的學者專家（參見《校園霸凌防制準則》第 9 條）。他們可以確保調查或調和過程的公正性和專業性，避免學校內部因為人際關係或其他因素影響處理結果。

## 主管機關監督職責

根據《校園霸凌防制準則》第 62 條規定，學校在完成霸凌事件的終局實體處理後，必須向所屬主管機關報告處理情形。具體來說，學校需要提交以下文件給主管機關備查：

❶ 處理情形；
❷ 調和報告或調查報告；
❸ 防制委員會會議紀錄；
❹ 學校相關會議紀錄。

這個規定確保主管機關（本案例中為市府教育局）能夠全面了解學校處理霸凌事件的過程和結果，主管機關可以通過審查這些文件來評估：

❶ 學校是否按照規定程序處理霸凌事件；

❷ 處理結果是否公正合理；

❸ 學校採取的預防和改善措施是否合宜。

如果主管機關發現學校處理不當或有需要改進的地方，可以進行行政指導或要求學校採取進一步行動。因此，在本案例中，校方在完成對逸勝霸凌事件的調查和處理後，應該將所有相關文件提交給市府教育局備查，確保主管機關教育局能夠有效監督學校處理霸凌事件（參見《校園霸凌防制準則》第 70 條第 2 項規定）。

### 毛律師建議你

在本案例中，逸勝媽媽對學校處理這起霸凌事件的能力和公正性表示懷疑。這種情況下，建議學校主動與家長溝通，解釋處理小組的組成方式以及其中專業人員的背景，讓家長了解學校處理這起事件時的專業性和中立性。

## 建立家長的信任感

此外，學校還可以強調處理小組會根據相關規定進行調和及調查，並會在調查結束後向家長提供詳細的報告和解決方案。另外，學校有義務向主管機關教育局報告整個處理過程和結果，讓家長理解有外部機構在監管整個過程，通過這些措施，可以逐步恢復家長對學校的信任。

## 毛律師幫你抓重點

**在校園霸凌事件的處理上,有明確的權責劃分:**

**霸凌事件發生**

- **向學校反映**
  教師、家長或學生檢舉

- **向教育局反映**
  家長不滿學校處理

- **學校審查**
  決定是否受理

- **教育局**
  轉回學校處理

- **組成處理小組**
  5個工作日內組成
  過半數委員來自人才庫

- **調查或調和**
  2個月內完成
  (延長以2次為限,
  每次不得逾1個月)

- **處理結果**
  懲處、教育、輔導
  或關係修復

**教育局監督職責**
- 督導學校依法處理
- 審查處理結果合理性
- 提供行政指導與協助
- 確保過程符合法定程序

圖 3-2　校園霸凌事件的處理程序與權責劃分

## 3-3 學校不受理我的檢舉，怎麼辦？

────────── 家長的權益申訴途徑

在國中二年三班的體育課上，平陽無意間模仿了同學俊豪的一個動作，讓俊豪覺得自己被嘲笑，立即要求道歉，然而平陽認為自己並無惡意，拒絕道歉，這讓俊豪更加不滿。

於是下課後，俊豪找來班上的建宏、柏廷與宇翔，一起包圍平陽，再次要求他「負責」，雙方的言語衝突很快演變為肢體衝突。俊豪等人開始對平陽拳打腳踢，過程持續約五分鐘，直到老師趕來才結束。這一幕被班上的志文用手機全程錄了下來，出於炫耀心態，將影片上傳至 Instagram。雖然他在十分鐘後便刪除了影片，但其他同學已經保存，並被多次轉發，影片迅速在校內外傳播。

平陽在此衝突中多處受傷，包括左眼瘀青、右臂擦傷與後背部瘀青。學校保健室的初步檢查顯示沒有嚴重的內傷，但建議進一步到

醫院做詳細檢查。平陽媽媽得知這一事件後，立即聯繫了學校。她要求學校立即啟動校園霸凌調查程序，並對涉事學生進行嚴懲。平陽媽媽還提供了從其他家長那裡獲得的影片作為證據。

學務主任表示會好好處理這件事，並承諾盡快給出回應。然而，五天後，學校給平陽媽媽發了一封正式通知。通知稱，經過校園霸凌審查小組的討論，學校決定不受理此案。理由是這起事件不屬於《校園霸凌防制準則》第 25 條所規定的事件範疇，學校認為這是一次偶發的肢體衝突，而非持續性的霸凌行為。

## 毛律師來解惑

學校不受理怎麼辦？這起事件涉及多個學生對一名學生的圍毆，且有影片證據，似乎符合校園霸凌的基本特徵，然而，學校將此案件定義為「偶發的肢體衝突」，而非霸凌，這一判斷固然合理。

然而，依據《校園霸凌防制準則》第 71 條規定，「相同或不同學校學生於校園內、外，個人或集體故意傷害他人之身體或健康者，學校應準用本準則檢舉、審查、調和、調查及處理相關規定辦理。」因此，此類案件應依《校園霸凌防制準則》處理。

## 學校不受理決定的合法性

根據《校園霸凌防制準則》第 25 條，學校可以在以下情況不受理霸凌檢舉：

❶ 檢舉內容過於籠統、不具體；

❷ 檢舉人未具真實姓名；

❸ 檢舉人身分無法確認；

❹ 非屬本準則規定的事件；

❺ 同一事件已不受理；

❻ 同一事件已作成處理；

❼ 已撤回檢舉。

在本案中，學校以「非屬本準則所規定之事件」為由不受理，但多人對一人的暴力行為明顯符合《校園霸凌防制準則》第 71 條規定的範疇，學校的決定似乎有誤。

### 毛律師建議你

根據《校園霸凌防制準則》第 26 條，平陽的媽媽可以在收到不受理決定之次日起的三十日內，向學校所屬的主管機關（如市府教育局）提出陳情。

## 陳情書撰寫要點

❶ **詳細描述事件**：包括時間、地點、涉事人員等資訊。
❷ **說明為何符合霸凌或一次性傷害行為定義**：強調多人（俊豪、建宏、柏廷和宇翔）針對一人（平陽）、使用暴力、造成身體傷害等特點。
❸ **引用法規**：指出根據《校園霸凌防制準則》第 71 條，即使是一次性事件，只要是集體故意傷害他人身體，也應按霸凌案件處理。
❹ **附上證據**：醫師診斷證明、影片紀錄、目擊者陳述等。
❺ **質疑學校判斷**：指出學校可能誤解法規，並表達對校園安全的擔憂。

## 主管機關的審議流程

根據《校園霸凌防制準則》第 64 條，教育局收到陳情後，會召開審議委員會進行審議。若審議結果認為學校應受理而未受理，教育局可以命令學校受理此事件，並要求學校依規定進行調查和處理。

## 毛律師幫你抓重點

### 1 家長可循救濟程序爭取權益

- 遇上偶發肢體衝突事件,家長可依《校園霸凌防制準則》第 26 條,在收到不受理決定後次日起三十日內向縣市政府教育局處提出陳情。主管機關將召開審議委員會,若認定學校應受理卻未受理,可命令學校依規定調查並處理此事件。

**法代定理人或實際照顧者**

收到不受理通知 → 30日內提出陳情 → 主管機關召開審議委員會審議

圖 3-3　法代定理人或實際照顧者陳情與主管機關的審議流程

### 2 陳情書內容

- 詳細描述事件經過,包括日期、地點、涉事人員等。
- 事件構成霸凌／一次性傷害行為關鍵因素事件,如多人針對一人、使用暴力、造成身體傷害等。
- 建議提供證據,如診斷證明書、目擊者陳述、影片紀錄等。

## 3-4 為什麼學校不相信我？

────────── 蒐集證據的關鍵原則

家豪是高中田徑隊成員，高二時代表學校參加全國中等學校田徑錦標賽，卻因身體不適中途退賽。事後，家豪在 Instagram 發文表示自己努力取得參賽資格卻未完賽，感到羞愧。這引起隊內反彈聲浪，隊員宗樂在 LINE 群組裡質疑：「說田徑隊？不用這樣吧！」另一名隊友慶祥也附和：「太扯了吧！」家豪看到這些留言後很難過，但並沒有截圖保存。

隔天，家豪發現座位被人用鉛筆寫下「覺得丟臉就滾出田徑隊」，抽屜也被翻亂。他立刻向田徑隊張教練反映，但張教練只以「不知道這回事」回應。家豪因為太過慌張，忘了拍下被破壞的座位和抽屜。

中午時，宗樂帶一群隊員在教室外圍住家豪，不斷逼問他貼文的含

義。目睹事件的同學都不願為家豪作證。隔天早晨，家豪在田徑場跑步時，隊員文華、建志故意坐在他必經之路上，嘲諷他：「啊，是沒長眼睛啊？」、「啊，是不會閃啊？」

家豪在班級 LINE 群組上也遭言語攻擊。宗樂威脅：「家豪，你再繼續靠北沒關係，有事可以來學校當面講，鍵盤高手。」慶祥也說：「家豪，有種等等出來講清楚，不要只會在背後講屁話，下午在文昌國小等你。」身心俱疲的家豪決定向學校提出霸凌檢舉。學校組成處理小組，包括外聘的何律師和陳諮商師以及學校林老師。調查時，發現問題出在家豪無法提供實質證據。

「家豪，你還記得 LINE 群組對話內容嗎？有沒有截圖？」家豪懊悔地說：「沒有……當時看到那些話，我只想刪除訊息，沒想過要截圖。」何律師問起座位被破壞的情況：「當時有拍照記錄嗎？」家豪愣住了：「我沒有拍……我真的忘了。」處理小組只能無奈記錄這些答案。當他們詢問宗樂、慶祥等人，他們一致否認霸凌行為，聲稱只是「開玩笑」、「沒有惡意」。

由於家豪沒有截圖、照片或錄音錄影作為證據，加上其他同學不願作證，處理小組面臨證據不足的困境。調查結論是「本案事證不足，無法認定有檢舉人所指之校園霸凌事件」。結論讓家豪痛心不已，心中吶喊：「為什麼學校不相信我？」自己的委屈被無視，痛苦被輕描淡寫地結束在「事證不足」之中。

## 毛律師來解惑

當校園發生霸凌、性騷擾或其他違規行為時,學校須依據相關法規進行調查,而這些調查屬於正式的行政程序,具有法律效力。因此,證據的蒐集與保存對於案件的定性與處理至關重要。在調查過程中,證據是決定案件結果的重要因素。

## 蒐集證據,保障權益

一般來說證據可能有以下兩大類:

### 1. 人證
事件目擊者、當事人之證詞,對於案件的情境還原非常重要。

### 2. 物證
❶ **書面證據**:包括就醫紀錄、日記、書信、筆記、訊息紀錄等,例如:LINE、Instagram、Facebook 等社群平台上的對話內容。特別注意的是,訊息截圖需保留完整的對話上下文,不要只截取片段。

❷ **影像證據**:包括照片、影片或監視器畫面等,可以直接呈現事件發生的過程。

❸ **聲音錄音**:錄下對話、威脅聲音等,可以直接呈現事件中的語言衝突或威脅內容。

❹ **專家意見**:醫院診斷證明書、諮商概要。

❺ **其他物證**：例如：被破壞的物品、現場的物件等，能夠直接反映出行為後果。

證據在處理校園事件中扮演著至關重要的角色。無論是人證、物證、影像或音訊，都需要在調查過程中妥善蒐集與保存。有了充分的證據支持，才能確保案件得到公正處理，並保障受害者的權益。

### 毛律師建議你

## 六大證據蒐集途徑

在該案例中，由於缺乏充足的證據，處理小組認定家豪所遭受的情況並不構成霸凌。為了避免的類似的故事再度重演，建議透過以下六大途徑蒐集證據：

### 1. 保存通訊紀錄

當有人在 LINE 群組中發表不當言論時，當事人應立即截圖並保存這些對話紀錄，以便日後作為證據。這些紀錄能直接反映出言語攻擊和威脅行為的具體情境。

### 2. 拍攝破壞現場

當發現座位被破壞、抽屜被翻亂時，應使用手機拍攝現場照片，記錄當時的情況。這類影像證據能夠直接證明物理破壞行為的存在，有助於處理小組對事件的認定。

### 3. 錄音或錄影現場衝突

在被人圍堵質問或遭遇言語攻擊時，可以使用手機錄音或錄影，這些錄音或錄影證據能夠完整呈現對方的言語和態度，作為霸凌行為的重要佐證。

### 4. 尋求證人支持

當被圍堵或被言語挑釁時，可尋求在場的同學作為證人，並請求他們出面提供證詞，即使同學們可能不願出面，也可記錄在場人員的名單，日後可由處理小組進行詢問。

### 5. 報告給教職員並記錄回應

當事人在向教練、體育組長或班導師求助時，應主動記錄對話內容或要求書面回應或錄音，以留下正式的溝通紀錄。如教職員對事件處理態度冷漠，這些紀錄也能作為校方未盡輔導義務的證據。

### 6. 蒐集其他物證

如在座位上寫下的攻擊性語句或抽屜被翻亂的情況，這些物證應予以拍照保存或尋求學校協助進行現場勘驗，確保事後能以實物佐證霸凌行為的發生。

透過以上方式蒐集證據，能夠大大提高案件的證明力，使處理小組能夠更加全面、客觀地評估案件，並做出相應處置。證據是案件認定的基礎，唯有即時、正確地保存證據，才能保障受害者的權益，讓不當行為得到應有的處理。

## 有效蒐證的四大原則

至於如何蒐證有效證據，其實只需謹記四大原則：一、即時性，即霸凌發生時立即記錄證據；二、完整性，保存完整對話內容與脈絡；三、多元性，透過書面、影像、錄音等多種方式收集證據；及四、系統性，建立條理清晰的證據保存機制，以便未來調查使用。

## 建立證據保存機制

至於該如何建立條理清晰的證據保存機制，以下有四個作法及案例說明：

### 1. 建立專用資料夾
❶ **實體證據**：準備專用資料夾或收納盒，依日期和事件類型分類存放。
❷ **電子證據**：在手機或電腦中建立專門資料夾，按時間和事件類型整理。

### 2. 編制索引與時間軸
❶ 建立簡單的事件時間軸表格，註明每次事件的日期、時間、地點、涉事人、內容簡述。
❷ 每份證據標上編號並在時間軸上對應標示。

### 3. 標準化記錄格式
❶ 使用統一格式記錄每次事件（例如：日期、時間、地點、人物、

事件概述、證據類型）。

❷針對口頭霸凌，記錄當時情境及原話內容。

### 4. 定期備份與更新

❶電子證據定期備份到雲端或其他裝置。

❷實體證據可拍照存檔作為備份。

我再舉個情境案例簡短說明，大家應該就會更有概念。

## 情境案例

**家豪遭受同學霸凌**

❶在手機建立「霸凌紀錄」資料夾，下設「LINE對話」、「校內照片」、「網路留言」等子資料夾。

❷製作 Excel 表格紀錄：

#1：2023/10/5 下午 3:20 教室後門 張○○等 3 人言語嘲笑 錄音 001 號 + 照片 2 張

#2：2023/10/8 LINE 群組 王○○發布侮辱訊息 截圖儲存於 LINE 資料夾

#3：2023/10/12 體育課 劉○○故意推撞 監視器影像申請調閱中

❸每次添加新證據時，立即更新時間軸表格並連結索引。

❹重要證據同時分享給家長或信任的師長，形成多處備份。

這種系統化的方法能讓證據條理分明，在提出檢舉時能清楚呈現霸凌的模式和頻率。

## 毛律師幫你抓重點

**1　證據蒐集至關重要**

- 在校園霸凌、性騷擾等事件調查中，證據是決定案件結果的關鍵。唯有即時、完整地保存相關證據，才能保障受害者的權益，讓不當行為得到應有的處理。

**2　六大證據蒐集途徑**

- 保存通訊紀錄
- 拍攝破壞現場
- 錄音或錄影現場衝突
- 尋求證人支持
- 報告給教職員並記錄回應
- 蒐集其他物證

**人證**
- 當事人
- 目擊者

**證據**

**物證**
- 書面
- 聲音
- 其它物證
- 影像
- 專家報告

圖 3-4　證據類型

## 3-5 我可以要求霸凌者轉學嗎？

學校的輔導策略及替代方案

---

昕儒是個性格內向的國中一年級學生。下課時，同班同學冠霖常將他圍在角落，對他言語侮辱，還強迫他交出零用錢。這種行為已持續數個月。昕儒面對這些持續欺凌，感到極度恐懼和無助。每當下課鈴響，他都非常害怕，因為又要面對冠霖的欺凌。他害怕告訴老師和家長，擔心遭到報復，只能默默忍受。

這些恐懼逐漸壓垮了昕儒，他開始強烈抗拒上學。每天早上都喊胃痛、頭痛，找各種理由請假。最後，他完全拒絕去學校。在多次詢問後，昕儒媽媽才了解實情，立即向學校反映，要求學校調查處理。

學校接到通報後立即受理案件，並組成處理小組，因雙方無調和意願，直接進入調查程序。經查證，學校確認冠霖的行為已構成校園霸凌，並對昕儒造成嚴重心理傷害。

昕儒媽媽問學校：「既然霸凌已經確認了，學校打算怎麼處理呢？」

## 毛律師來解惑

根據《校園霸凌防制準則》第 38 條和第 45 條的規定，學校可以採取以下措施來處理冠霖的霸凌行為：

### 彈性處理當事人的出缺席紀錄與成績評量

昕儒因霸凌事件影響了出席和學業，學校可以對他的出缺席紀錄和成績進行彈性處理，並積極協助他的課業，不受請假、學生成績評量或其他相關規定的限制，以幫助他盡快恢復正常的學習生活。

### 減低當事人雙方互動的機會

為了保護昕儒的安全，學校可以尊重他的意願，適當安排座位與活動範圍，減少與冠霖的接觸機會。必要時，學校可以安排個別輔導或小團體輔導，協助學生學習社交技巧或問題解決能力，或修復當事人人際關係，甚至協助昕儒依法定程序轉班。

但是，如果要求冠霖轉班或轉學，可以嗎？

## 尊重當事人的意願

　　轉班或轉學等措施必須尊重當事人的意願，也就是說，冠霖必須同意這樣的安排才能進行。此外，轉班並非簡單的決定，而是需要經過正式的申請程序，並由學校的編班委員會進行審查。因此，受害人及其家長無法單方面要求行為人必須轉班或轉學。即使這是家長希望看到的處理方式，學校也必須在充分尊重當事人權益的前提下進行協商。如果冠霖不同意轉班或轉學，學校僅能考慮其他措施，例如：調整座位，來減少雙方的接觸機會，保障昕儒的安全和學習權益。

## 採取適當管教措施

　　根據《校園霸凌防制準則》第 45 條，學校可以對冠霖採取適當的管教措施，例如：進行反省報告、校內勞動服務或其他教育性處罰，讓他認識到自己的錯誤行為及其後果。

## 依法定程序予以懲處

　　如果霸凌行為的當事人是國中生或高中生，學校可以根據事件的嚴重程度，將案件提交至學校的獎懲委員會進行審議。獎懲委員會會根據該校獎懲規定，決定是否對行為人處以記過或其他懲處措施。

如果霸凌情節重大，學校可依據《校園霸凌防制準則》第 61 條的規定，將案件移交給警政、社政機關或司法機關，並根據《少年事件處理法》、《兒童及少年福利與權益保障法》等相關法律進行處理，確保霸凌行為人受到應有的法律制裁。

## 毛律師建議你

學校可以為冠霖和昕儒雙方提供心理諮商與輔導，並根據兩人的需要制定輔導計畫，明確輔導的內容、分工與期程，以確保兩人都能得到適當的心理支持，特別是對受害者的心理創傷進行修復。學校需採取措施預防冠霖或其他相關人員對昕儒進行報復，確保受害學生的安全，並預防類似事件的再次發生。

## 毛律師幫你抓重點

### 家長是否可以要求行為人轉學或轉班？

**· 尊重當事人意願**

學校無法單方面要求行為人轉班或轉學，需經過正式申請程序並由學校編班委員會審核，且須獲得行為人同意。

**· 替代措施**

若行為人不同意轉班，學校可透過調整座位、安排不同活動區域等方式，減少雙方接觸，保障受害者安全。

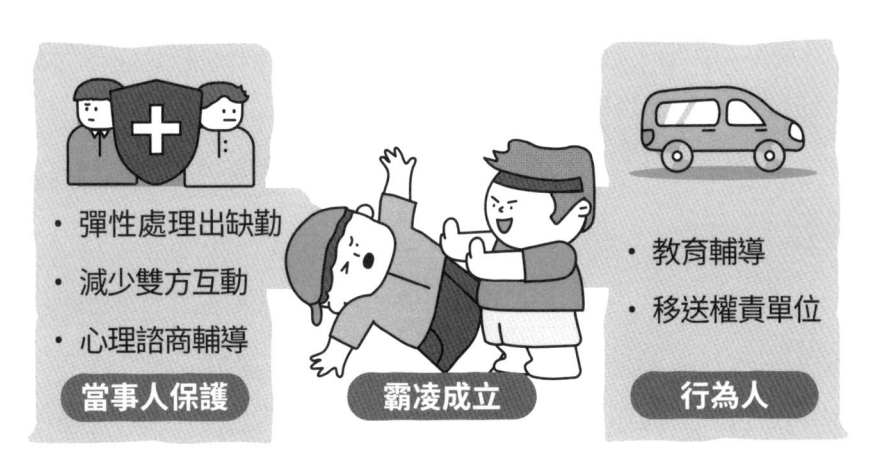

**當事人保護**
- 彈性處理出缺勤
- 減少雙方互動
- 心理諮商輔導

**霸凌成立**

**行為人**
- 教育輔導
- 移送權責單位

圖 3-5　霸凌成立後，校方針對行為人或被害學生可採取的處理措施

## 3-6 不提出檢舉，學校就不會處理嗎？

────────── 過度調查的隱形代價

國小二年級的明健和宸幸是同班同學，一天中午休息時，他們在操場上因為一顆籃球發生了衝突。明健認為籃球是自己的，不願意讓給宸幸，而宸幸堅持籃球是他先拿到的，兩人因此爭執起來，甚至大打出手。

導師發現了這場衝突，立刻介入，並帶兩位同學回到教室了解情況。老師耐心地聽取了雙方的說法後，決定先讓兩位同學冷靜下來，再進行深入的溝通。然而，當明健的家長得知這件事後，感到非常憤怒，認為學校應該嚴肅處理，甚至要求學校展開正式調查，認為自己的孩子被霸凌了，要求學校釐清，且表示不信任學校之人員，要求委員全數外聘。學校為此不得不組成處理小組，召開調查會議，經過三名外聘委員調查後，終於得出了結論：這次衝突其實只是一次普通的同學之間的爭執，只需要進行教育和輔導即可。

## 毛律師來解惑

藉由明健的案例，我想談談學校在處理校園調查時面對的挑戰與困境。目前，各級學校普遍面臨嚴重的財政壓力，預算緊縮成為常態。然而，學校卻不得不在各種調查中耗費大量人力和物力。這種情況不僅影響學校的正常運作，還可能影響到教育品質。

大家可能不知道，一位委員一個時段的出席費就要 2,500 元，三位委員出席一次會議，學校就得花掉 7,500 元。而且，調查往往需要多次召開會議，這樣累積下來的費用非常可觀。再加上，調查報告的撰稿費通常依照中央政府各機關學校的稿費基準來計算，每千字約為 1,100 至 1,600 元不等。一份完整的調查報告可能要花掉學校好幾萬元。此外，訪談過程中需要錄音並製作逐字稿，這也是一筆不小的開支。以目前的市場行情來看，委外製作逐字稿的費用大約是每小時 1,500 至 1,800 元左右。如果一場調查訪談下來總共耗時六小時，學校就要支付約 9,000 元。這些費用加起來，一個調查案件從開始到結束，少則數萬元，多則超過十萬元。對於財政本就吃緊的學校來說，這無疑是一個沉重的負擔。

## 調查消耗大量人力資源

另外，這些調查還會消耗大量的人力資源。許多學校根本沒有足夠的預算，結果只能由承辦人員一肩扛起所有工作（包括製作訪談逐字稿），從準備文件、發送公文到協調各方，這讓承辦人承受了巨大的壓力，甚至

影響到他們的日常工作和教學熱情。因此，我們看到越來越多的教師選擇遠離行政職務，只想專注於教學工作，這也就是所謂的「行政大逃亡」現象，大家都選擇當導師或科任教師，沒有人想待行政科室，尤其是「學務處」，校長常常找不到人。

## 調查的真正目的與必要性

　　過度調查不僅耗費金錢，更會嚴重影響學校的正常運作。我曾聽過一個極端的案例：一位家長因為與學校師長發生衝突，為了「報復」學校，在一個學期內提出了九個調查案件。這些調查案件幾乎要將學校逼入破產的邊緣。不僅財政被拖垮，學校的校長、主任、承辦人每天忙於處理這九個案件，根本無法處理其他事務。要開會決議是否受理、邀請委員、發公文、製作各式表單，報告完成後還得開會審議、通知雙方、進行後續處置……整個學校幾乎被癱瘓了，教育工作的進行也被嚴重干擾。

　　我並不是反對調查，調查在某些情況下是必要的，尤其是在比較嚴重的案件中，例如：當雙方對事件的認知存在較大分歧時，或者涉及師生之間的糾紛時，調查確實有其必要性。這時候，我們確實應該把錢花在刀口上。

### 💡 毛律師建議你

　　調查的真正目的是什麼？對於一般學生之間的衝突，即使進行了調

查,學校最終的處理方式通常也是「教育」和「輔導」。事實上,沒有正式調查,學校也能夠進行教育和輔導。如果我們把大量資源耗費在這些不必要的調查上,反而可能讓學校無法專心辦學,教師們疲於應付各種程序,無法全心全意地投入教學,最終傷害的其實是我們的孩子。

## 理性看待調查與資源配置

調查過程中,不僅需要許多人前來接受訪談,雙方還需要準備證據,這不僅耗時耗力,還可能讓學生感到壓力。如果學生之間的衝突可以用更柔性的方式處理,既能避免讓孩子進入嚴肅的調查場面,還能減少學校資源的耗損。其實,調查與否,結果往往是一樣的:國小階段沒有記過,而國中和高中即使不經過調查,學校仍可以通過該校之獎懲委員會依校規予以懲處,並且一樣能對學生進行教育和輔導。

因此,調查與否並不是最重要的,最重要的是孩子在學校是否感到安全,這才是家長們應該最關心的目標。學校的資源真的很有限,我相信大家更希望看到學校把資源用在提升教育品質上,而不是消耗在不必要的調查程序上。

## 毛律師幫你抓重點

**1 理性看待校園調查的必要性**

- 過度調查會消耗大量財政資源與人力,影響學校的正常運作與教育品質。並非所有衝突都需要正式調查,許多案件直接以「教育與輔導」方式處理,就已經足夠。

**2 合理選擇調查,支持學校教育**

- 針對嚴重事件,調查是必要的,但普通學生間衝突可用更柔性的方式處理。學校應將資源集中於提升教育品質,而非耗費在程序性調查上。
- 家長應關注孩子的安全與學習環境,而非一味要求調查,導致資源錯配。

校園調查

性平調查
- 性工法
- 性平法
- 性騷法

校事會議

校園霸凌

職場霸凌

其他

圖 3-6　校園調查涵蓋範疇

# 3-7 校長為了剷除異己，故意召開調查「對付」我？

―――――――――― 教師對調查程序規範的誤解與應對之道

王老師是位教學經驗豐富的國小教師，對學生的學業成績要求及行為習慣非常嚴格。因此，王老師在教學過程中經常用嚴厲的語氣糾正學生，以達到她心中的教育目標。

學生美美因態度散漫，多次未交作業，課堂上不守規則，讓王老師非常不滿，因此，她多次在課堂上公開批評美美。然而，隨著時間的推移，王老師的批評逐漸變得尖銳，她不僅使用了「懶惰蟲」、「你有病嗎？」、「不要臉，全家都不要臉」、「混帳東西」等侮辱性言詞進行人身攻擊。這深深刺傷了美美，使她逐漸對學校生活失去興趣，開始抗拒上學。

美美將情況告訴父母後，雖然他們既憤怒又心疼，但他們決定不僅僅依賴孩子的敘述來了解情況，於是他們讓美美攜帶錄音筆上學，

記錄王老師在課堂上的發言。接下來幾天裡，美美錄下王老師多次辱罵她的過程：包括多次侮辱性言詞，以及王老師對美美和她家人的人身攻擊。美美父母聽取錄音後，決定透過線上即時服務平台向主管機關檢舉王老師，指控她對學生言語霸凌。學校接獲主管機關轉來的公文後，迅速召開校事會議討論此案受理。會議認為案件情節嚴重，必須組成調查小組進行全面調查。

當王老師得知此事後，感到極大憤怒。她認為自己只是進行必要管教，卻遭到如此對待，還聘請律師參與調查，讓她懷疑學校是否對她心存不滿，並認為這是一場針對她的陰謀，因此校長才會請律師作為調查委員來「對付」她。這種誤解讓王老師感到自己被孤立，認為學校和同事們都在針對她，與她為敵。因此，王老師採取對抗態度，開始在校內指責學校的處理方式過於苛刻，甚至在辦公室與行政人員發生激烈爭執，認為學校沒有給她解釋的機會，而是直接將她推向調查的對立面。隨著事件發展，她開始質疑調查的公正性，並懷疑事件與她先前拒絕參加被推薦的研習有關，這次的調查只是藉機要「除掉她」。

深度的不信任和壓力讓她陷入了極度焦慮與沮喪。她開始失眠，變得鬱鬱寡歡，對工作也失去熱情，最終求助身心科。經醫師診斷為憂鬱症，需接受藥物治療與心理諮商。

## 毛律師來解惑

### 調查小組成員規範

根據《高級中等以下學校教師解聘不續聘停聘或資遣辦法》第12條、第13條等規定，學校在受理檢舉後七個工作日必須召開校事會議，討論如何進行調查。如果會議決定組成調查小組調查，學校需依照第16條規定，請主管機關推舉三倍至五倍學者專家，供學校遴選三人或五人為委員，且應全部外聘，若非偏遠地區，委員之一必須是「法律專業人員」，而這法律專業人員通常指的就是律師。這項法律規定的目的在於確保調查過程的公正性和專業性，特別是納入法律專業人員，能夠從法律角度審視案件，保障程序正義。因此學校聘請具律師資格之人員參與調查，並非針對王老師個人，完全是「依法行政」的必要步驟，並非校長可以刻意選哪一位委員或是刻意找律師擔任委員。

### 調查小組調查程序要求

調查小組進行調查時，應邀請學校教師會代表及學校家長會代表陳述意見；學校無教師會者，應邀請該校未兼行政或董事之教師代表陳述意見。這項規定旨在確保調查過程能夠聽取多方意見，尤其是教師群體和家長的觀點，進一步保障程序的公正性和全面性。

王老師在得知調查小組的組成後，因為誤解校方的意圖，感到自己

被孤立，認為學校在「對付」她。這種誤解讓她感到全校在與自己為敵，並引發了對抗情緒。這種誤解反映了教師對於調查程序的恐懼和不信任。這表示學校在進行此類調查時，需要加強與教師溝通，以避免誤解的產生。

由於教師對這些法律規定缺乏充分理解，加上面對調查時的心理壓力，往往會產生被針對或孤立的感受。這種誤解不僅影響教師的身心健康，更可能導致後續產生更多的職場衝突，形成惡性循環。

## 毛律師建議你

為了避免類似情況的發生，學校需要建立更完善的溝通機制。首先，建議加強教師的法律知能教育，讓他們了解調查程序的法定性質和必要性。其次，在進行調查時，學校應該主動與當事教師保持良好溝通，清楚說明每個程序步驟的法源依據，並提供必要的心理支持。同時，也要建立完善的危機處理機制，當發現教師出現情緒困擾時，應即時提供協助，避免問題惡化。

我參與過多件學校發生的職場霸凌案件，許多案件的起點都是由於某位老師被調查。調查過程結束後，這些老師往往因感到孤立而與整個學校對立，之後提出校長或其他行政人員職場霸凌之調查申請。每當面對這些情況時，我都不禁感到惋惜。如果這些申請人能夠在事件發生初期就理解法律規定，認識到調查程序的合法性和必要性，或許就不會演變成「職場霸凌調查」。我們應該更加重視法律教育，讓每位教師都能明白法律的保護作用，從而減少不必要的誤解與對立，營造更和諧的校園環境。

# 毛律師幫你抓重點

**調查小組的組成規範**

- 根據《高級中等以下學校教師解聘不續聘停聘或資遣辦法》的規定，學校在受理檢舉後必須在七個工作日內召開校事會議，討論如何調查。

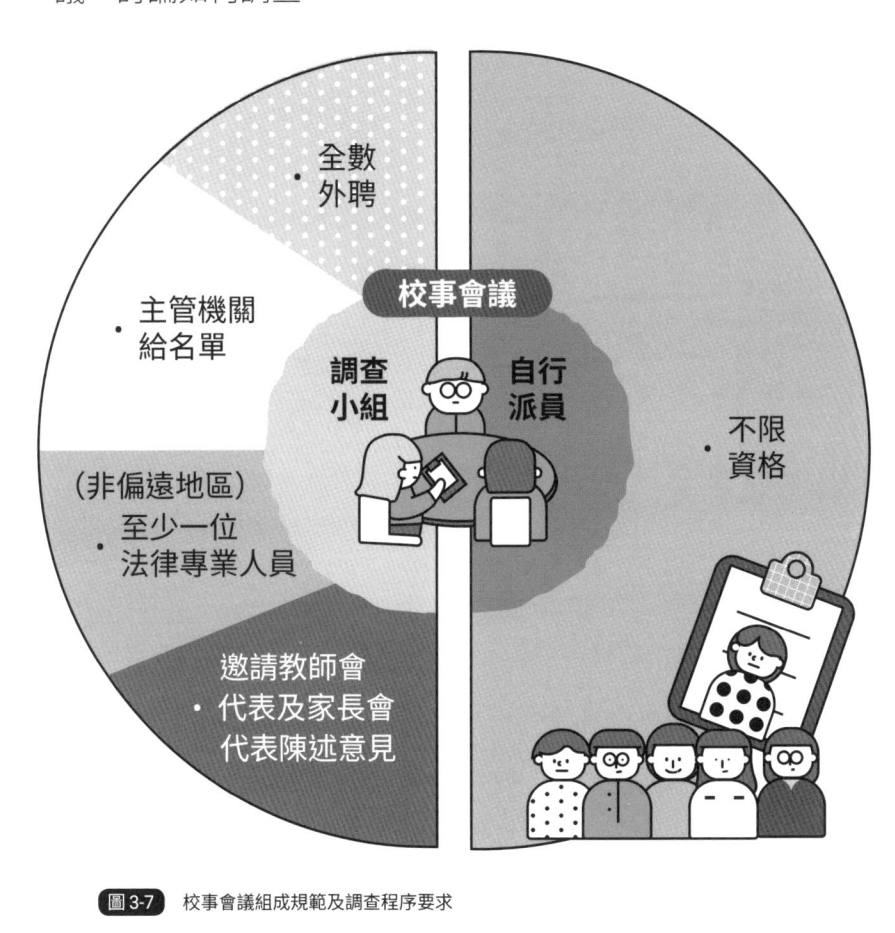

校事會議

調查小組：
- 全數外聘
- 主管機關給名單
- （非偏遠地區）至少一位法律專業人員
- 邀請教師會代表及家長會代表陳述意見

自行派員：
- 不限資格

圖 3-7　校事會議組成規範及調查程序要求

CHAPTER

4

性別平等
不是口號

# 4-1 當性別刻板印象成為武器時？

―――――――――― 解析性霸凌的多元樣態與法律界定

孟宇是個安靜溫和的國小三年級男孩。他喜歡閱讀、畫畫，說話的聲音總是輕輕的，彷彿怕驚擾了誰。一天國語課，李老師突然點名孟宇背誦課文。孟宇戰戰兢兢地站起來，用他一貫的柔和聲音開始背誦。才背了幾句，李老師就說：「一個男生聲音這麼小，像女生，怎麼可以？大聲一點！」李老師厲聲喝道。孟宇嚇得渾身發抖，強迫自己提高音量繼續背誦。

「這麼小聲，像女生一樣。」李老師的話語中充滿輕蔑。

孟宇再也忍不住，淚水奪眶而出。他勉強完成了背誦，但那天剩下的時間彷彿在一片迷霧中度過。從那天起，孟宇的校園生活徹底改變了。同學們開始在走廊上、課堂上嘲笑他「娘娘腔」。每當有人模仿他說話，總會引來一陣哄笑。孟宇不明白，為什麼他的說話方

式會成為笑柄。直到後來他意識到，是李老師的行為給了同學們嘲笑他的「合法性」。李老師那兩句話，彷彿給他貼上了「不夠男子氣概」的標籤。

## 毛律師來解惑

根據《性別平等教育法》第3條第3款第3目，性霸凌指「透過語言、肢體或其他暴力，對於他人之性別特徵、性別特質、性傾向或性別認同進行貶抑、攻擊或威脅之行為且非屬性騷擾者」。這個定義明確界定構成性霸凌的行為必須包含「貶抑、攻擊或威脅」的元素，針對的是他人的性別特徵、性別特質、性傾向或性別認同。

## 性霸凌事件分析方向

以孟宇的案例來看，可以先從老師及學生兩方面分析性霸凌事件：

### 1. 教師的行為

李老師透過語言暴力貶低孟宇的性別特質，認為男生就應該聲音宏亮，否則就是「像女生一樣」。這種行為不僅使孟宇容易在性別特質表現上產生困惑或否定，還強化了有害的性別刻板印象。

### 2. 同學的行為

在李老師的「示範」下，同學們對孟宇的嘲笑和模仿，都是基於孟宇「不符合傳統男性特質」的貶抑，屬於典型的性霸凌行為。這種群體性的霸凌進一步加深了對受害者的傷害。

## 🔍 常見的性霸凌樣態

事實上，性霸凌事件常以多種形式在校園中發生，以下為六個符合《性別平等教育法》定義的性霸凌樣態：

### 1. 言語霸凌

使用帶有貶低性別特質的綽號或言語攻擊，例如：稱呼男生為「娘娘腔」或女生為「男人婆」，藉此貶抑他們的性別特質。

### 2. 外表攻擊

對不符合傳統性別角色外表的學生進行嘲笑或批評，例如：對男生說「你是男生卻留這麼長的頭髮，一點都不像男人」或對女生說「穿這種衣服，一點女人味都沒有，誰會喜歡妳」。

### 3. 興趣貶抑

因為某人的興趣愛好不符合性別刻板印象而對其性別特質進行明確的貶抑，例如：公開嘲諷「男生學芭蕾太噁心了，像個女生扭來扭去」或對女生說「打籃球把手臂練得跟男人一樣，太醜了」。

### 4. 性傾向攻擊

對 LGBTQ+ 學生進行明確的言語或行為攻擊，例如：以「噁心的同性戀」稱呼同學，或在公開場合模仿並嘲笑其言行舉止，造成其尊嚴受損。

### 5. 網路霸凌

在社群媒體上發布針對他人性別特質的侮辱性內容，例如：製作並散布惡意改造的照片，加上貶抑其性別特質的文字，如「看這男的長得像個娘炮」等攻擊性言論。

### 6. 肢體威脅

因他人的性別特質或性傾向而進行肢體上的威脅或排擠，例如：推擠不符合傳統男性氣概的男同學，並說「娘娘腔不配進男廁所」，或強行阻止參與某些活動。

談及性霸凌，不能不提到「葉永鋕事件」。2000 年 4 月 20 日，十五歲的葉永鋕在屏東高樹國中的廁所中倒臥血泊身亡，震驚社會。葉永鋕因陰柔特質而長期遭受同學嘲笑他「娘娘腔」，甚至在廁所被強行脫褲子「驗明正身」。因此，為了避免被霸凌，葉永鋕養成習慣在下課前最後五分鐘才去廁所，正是在這樣的情況下，導致在廁所中意外身亡。這起事件成為推動性別平等教育的重要轉捩點。

事件後，台灣通過了《性別平等教育法》，要求學校提供性別平等的學習環境，尊重多元性別氣質。葉永鋕事件與孟宇的案例都反映出社會對「不符合傳統性別角色期待」的誤解。

## 性霸凌的深遠影響

性霸凌的傷害不只在當下，更可能造成深遠而嚴重的影響。心理上，受害者常因被羞辱而自尊心受損、產生焦慮抑鬱，逃學，甚至自殺傾向。學業表現也因壓力下降，失去學習動力。同時，性霸凌使受害者產生社交恐懼，難以建立健康的人際關係，甚至質疑自我價值與性別認同。這些創傷往往延續至成年，影響人際互動、自我形象與心理健康，並可能引發頭痛、失眠等身心症狀。更令人擔憂的是，部分受害者可能因創傷而轉變為加害者，形成霸凌的惡性循環，值得社會高度重視與積極防治。

## 毛律師建議你

教育者在校園中扮演著關鍵角色。首先老師應避免使用強化性別刻板印象的言語，像是「你一個大男生撐什麼傘」、「你是女生嗎？怎講話這麼小聲」、「女生怎麼可以這麼粗魯」、「男生哭什麼哭」這類言論。當看到霸凌發生時，應立即干預。比如看到有學生取笑男同學「娘娘腔」，老師可以立刻制止，並引導學生尊重每個人表達自己的方式，取代默許或一笑置之。

## 設置性霸凌通報「三步驟」

學校需要採取全面性的防治策略，建議定期舉辦性別平等教育活動，例如：邀請專家來分享多元性別的知識，或是透過電影欣賞、角色扮演等

活動提升學生的理解與同理心；進行「換位思考」的活動，讓學生體驗不同角度的感受。同時，建立清晰的防治和通報機制也很重要，讓大家知道該怎麼做。例如：設置明確的「三步驟」：發現、通報、支持。受害學生往往需要心理支持，學校應該提供專業輔導資源，讓他們知道「這不是你的錯」。

　　家長與學校的合作也不可或缺，可以透過親師座談會或家長講座，共同討論如何教導孩子尊重不同性別特質的人。比如向家長說明「在家裡避免說『男生就是要堅強』或『女生就是要溫柔』這類的話」的重要性。教職員工也需要持續接受相關培訓，學習辨識早期性霸凌徵兆及正確介入方式。學校必須鼓勵大家勇於舉報，例如：設置匿名信箱或熱線電話，讓目擊者或受害者都能安心說出來。最終，學校要定期檢視這些措施的效果，必要時調整策略，確保每位學生都能在安全、尊重的環境中學習成長。

## 毛律師幫你抓重點

### 性霸凌定義及與性騷擾的區別

**性霸凌定義**

透過語言、肢體或其他暴力,對於他人之性別特徵、性別特質、性傾向或性別認同進行貶抑、攻擊或威脅之行為且非屬性騷擾者。

**霸凌形式**
- 語言暴力
- 肢體暴力
- 其他暴力

**霸凌對象**
- 性別特徵
- 性別特質
- 性傾向
- 性別認同

**霸凌行為**
- 貶抑
- 攻擊
- 威脅

性霸凌與性騷擾的區別
性霸凌是針對性別特徵等進行的霸凌行為,且非屬性騷擾。

圖 4-1　性霸凌定義及與性騷擾的區別

# 4-2 性霸凌不歸校園霸凌管？

## 正確申訴途徑與處理程序

元麟是國中一年級學生，性格溫和、喜歡閱讀和畫畫，他的性別氣質與班上大多數男生略有不同。相較於其他男生喜歡運動和玩耍，元麟更喜歡靜靜地待在教室一角，沉浸在書本和畫筆中。然而，正是這樣與眾不同，讓他成為班上某些同學的攻擊目標。

班上的昌願因為擅長運動和領導力強，很快成為了班級的中心人物。他對元麟的性別氣質感到不屑，認為對方「不像個男人」，於是開始用言語攻擊。每當元麟在課堂上發言或參與班級活動時，昌願便會大聲嘲笑他，稱他為「娘娘腔」和「死 gay」。

這些言語攻擊並不僅限於課堂內。每當元麟準備去廁所時，昌願總會在眾人面前大聲說：「你要去女廁吧？」這句話時常引起一陣哄笑，有些同學會附和，有些同學則默不作聲，就是沒有人站出來為

元麟說話。持續的羞辱讓元麟感到痛苦，他漸漸開始避免使用學校的廁所，甚至有時會忍著不去或整天不喝水。

這樣的處境給元麟帶來了巨大的心理壓力，每天上學對他而言都是一種折磨。他不敢向老師或家長尋求幫助，因為害怕情況變得更糟。他感到孤獨無助，認為自己必須獨自承受這一切。

## 毛律師來解惑

### 校園霸凌還是性霸凌？如何區分？

當孩子受到這類攻擊時，許多家長和老師可能會疑惑：這是一般的校園霸凌，還是有其他法律定義？根據《性別平等教育法》第 3 條第 3 款第 3 目的規定，「性霸凌」是指透過語言、肢體或其他暴力手段，對於他人的性別特徵、性別特質、性傾向或性別認同進行貶抑、攻擊或威脅的行為且非屬性騷擾者。昌願對元麟的言語攻擊，明顯是在貶抑他的性別特質，昌願的行為已經構成了性霸凌。

## 「性霸凌」與「校園霸凌」的關鍵差異

「性霸凌」的處理方式與一般的「校園霸凌」有重要的區別。根據《校園霸凌防制準則》的規定，霸凌行為通常需具有「持續性」，也就是說，攻擊行為必須反覆發生才算是校園霸凌。

然而，性霸凌的認定標準不同。根據《性別平等教育法》，性霸凌不需具有「持續性」。換句話說，即使只發生一次針對性別特質的貶抑或攻擊行為，就可能構成性霸凌。

## 處理性霸凌事件的適用法規

因此，學校在處理性霸凌案件時，應該依據《性別平等教育法》來進行調查和處理，而非按照一般的校園霸凌防制程序。《校園霸凌防制準則》第4條第2項也明確規定，針對符合《性別平等教育法》所定義的性霸凌，應依照《性別平等教育法》處理。

### 毛律師建議你

當孩子在校園受到性霸凌，許多家長的第一反應是向學校提出校園霸凌檢舉，期望學校能夠迅速採取行動。這時就會面臨一個關鍵問題：如果家長針對性霸凌案件提出校園霸凌的檢舉，學校的審查小組可能會認為這個事件不屬於《校園霸凌防制準則》的範圍，根據《校園霸凌防制準則》第25條規定，這類案件可能不予受理。這時候，家長可能會感到困惑，

為什麼這麼明顯的霸凌行為，學校會不受理呢？

## 正確的申訴途徑：依《性別平等教育法》處理

實際上，性霸凌案件在我國的法制設計下，應歸在《性別平等教育法》下處理。學校在校園霸凌的部分不受理後，受害學生或其法定代理人可依照《性別平等教育法》第 31 條第 1 項的規定，向學校提出性平調查之申請。此外，任何人也可依同法第 31 條第 2 項的規定提出檢舉，學校會將案件移交給性平會進行審議和處理。

雖然法律沒有強制規定學校「應」提出檢舉，但學校因校園霸凌的檢舉而知悉有疑似性霸凌事件時，仍有通報責任。家長若發現孩子遭受性霸凌，直接向學校申請性平調查通常是最有效的途徑，可確保事件得到適當處理，並為受害學生提供更完善的保護。

## 毛律師幫你抓重點

### 校園霸凌與性霸凌處理比較

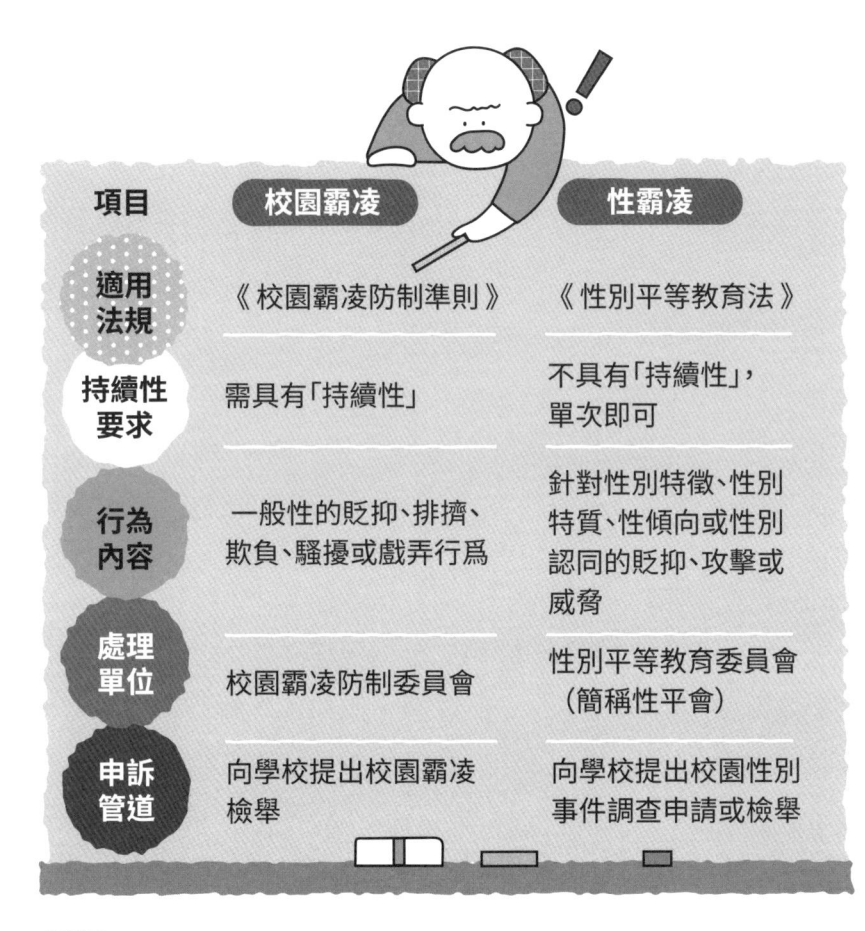

| 項目 | 校園霸凌 | 性霸凌 |
| --- | --- | --- |
| 適用法規 | 《校園霸凌防制準則》 | 《性別平等教育法》 |
| 持續性要求 | 需具有「持續性」 | 不具有「持續性」，單次即可 |
| 行為內容 | 一般性的貶抑、排擠、欺負、騷擾或戲弄行為 | 針對性別特徵、性別特質、性傾向或性別認同的貶抑、攻擊或威脅 |
| 處理單位 | 校園霸凌防制委員會 | 性別平等教育委員會（簡稱性平會） |
| 申訴管道 | 向學校提出校園霸凌檢舉 | 向學校提出校園性別事件調查申請或檢舉 |

圖 4-2　校園霸凌與性霸凌處理比較

## 4-3 只是好意也可能越界？

性騷擾認定標準

國小數學馮老師，教學活潑，平時深受家長及學生的喜愛，常摸頭以表示對學生的鼓勵。一天數學課，班上的小潔在解題時遇到困難。馮老師便走到她身邊，一手搭在她的椅背上，另一手覆蓋在小潔握筆的手上示範解題，呈半環抱的姿勢。過程中，馮老師身體緊貼小潔背部，還不時摸她的頭說「真乖」。這讓小潔感到很不自在，但不知如何表達。

課後小潔告訴同學小郁，小郁也表示曾有類似經歷。在小郁的鼓勵下，小潔與小郁一起向學務主任反映。由於此事屬於師對生案件，學校性平會以檢舉案形式啟動調查，調查中馮老師顯得困惑：「我完全出於關心學生。摸頭只是表示鼓勵，貼近是為了更好指導。我對每個學生都這樣，從沒有不當想法。」

調查後發現除小潔、小郁外，還有多名學生對馮老師行為感到不適。他們表示雖說知道馮老師並無惡意，但仍感到壓力。性平會最終通過調查小組之報告認定，儘管馮老師聲稱其主觀無不良意圖，但客觀上已造成多位學生不適，影響學習環境。

馮老師不解：「我都是在教室公開場合這樣做的，小潔後來還寫教師節卡片給我，甚至請教功課。如果她真的不舒服，為何沒躲著我？」儘管如此，性平會仍認定性騷擾成立，學校考核會依照《公立高級中等以下學校教師成績考核辦法》第 6 條第 2 項第 4 款第 7 目「行為違反相關法規，情節重大，而未達解聘、不續聘或終局停聘之程度」，記大過一支。

馮老師雖感委屈，但接受處分，並開始反思教學方式，以後更注意與學生的距離。對小潔、小郁而言，這次經歷讓她們學會表達感受與保護自己的重要性。

## 毛律師來解惑

　　小潔、小郁的案例在校園裡並不罕見，我們先從法律角度來看，法院強調性騷擾的認定應從「被害人的感受」出發，主要著重在被害人的主觀

感受及所受影響。小潔、小郁都表示馮老師以半環抱的姿勢靠近、疊手、摸頭、拍肩等行為令她們感到不舒服、尷尬、緊張或害怕，這些主觀感受成為判斷的重要依據。這些行為已經超越了一般社會通念所認可的社交接觸範圍，侵犯了學生的身體自主權。

法院一般在判斷「性騷擾」的標準上，會採用「合理被害人」的角度，也就是一般人處於相同情境下，也可能產生厭惡、不舒服等感受。這一標準既考慮到個案的具體情況，又保持了一定的客觀性。值得注意的是，法院通常會強調性騷擾的認定不以行為人的侵犯意圖為判準，而應綜合考慮事件發生的背景、環境、當事人關係等因素。也就是更注重行為的客觀影響，而非行為人的主觀動機。以下為性騷擾認定標準的常見誤解與真相整理。

**性騷擾認定標準**

| 常見誤解 | 法律真相 |
| --- | --- |
| 「我沒有不良意圖」 | 重點是「被害人感受」 |
| 「公開場合不算性騷擾」 | 場合公開與否不影響認定 |
| 「後續還有互動」 | 互動不影響性騷擾認定 |

「合理被害人」標準：考量一般人在同處境的感受

圖 4-3-1　性騷擾認定標準的誤解與真相

## 公開場合發生的行為

性騷擾的成立不以「非公然」為要件,因此在公開場合發生的行為同樣可能構成性騷擾。同時,被害人事後是否仍與行為人有互動(例如:書寫敬師卡、申請工讀等),也不影響性騷擾的認定。法院在審理相關案件時,已充分認識到性騷擾案件的複雜性,了解被害人可能出於各種現實考量(例如:擔心學業成績受到影響、害怕遭受報復、課業或工作上的依賴關係等)而未能立即反抗或完全切斷與行為人的所有聯繫。因此,這些後續的互動,不應被誤解為性騷擾不存在的證明,而應從被害人處境的整體脈絡中理解其行為。

在小潔、小郁的案例中,性平會認定馮老師行為構成性騷擾,主要基於以下考量:

## 性平會認定構成性騷擾的八大標準

### 1. 以被害人感受為重
小潔、小郁都表示馮老師的貼近、覆手、摸頭等行為令她們不舒服,這種主觀感受是重要的判斷依據。

### 2. 超越社交界限
馮老師的行為已超出一般師生互動範圍,侵犯了學生身體自主權。

### 3. 影響學習環境

雖非惡意，但客觀上影響了學生的學習。

### 4. 未經同意的身體接觸

即使出於教學目的，也應尊重學生的身體界線。

### 5. 採用「合理被害人」標準

認為處於相同情境的一般人也可能產生不適感。

### 6. 不以行為人主觀意圖為準

更注重行為的客觀影響，而非動機。

### 7. 不以「非公然」為要件

即使在公開場合發生，也可能構成性騷擾。

### 8. 受害者後續行為不影響認定

小潔後來與馮老師互動不妨礙性騷擾的成立。

## 毛律師建議你

這個案例提醒教育工作者，即使出於好意，某些行為也可能讓學生感到不適。保持適當距離，尊重學生的身體自主權，對營造健康的師生關係至關重要。同時，鼓勵學生勇於表達自己的感受，也是建立安全學習環

境的關鍵。

## 教師嚴守身體界線分際

　　校長及教師作為教育專業人員，應嚴守與學生之身體界線分際且謹記於心。根據教育部「學校校長及教職員工違反與性或性別有關之專業倫理防治指引」，教師與學生的關係是教學、教育、輔導、合理管教之專業互動，而非親人或其他人際互動關係。在輔導與教學過程中，可採用替代性的鼓勵方式，例如：口頭讚美、保持適當的空間距離或使用手勢進行指導，而非直接接觸來引導學生。

## 提升師生對身體自主權認識

　　學校應定期舉辦性別平等教育研習，提升師生對身體自主權的認識，並建立明確的溝通管道，讓學生能安心表達不舒服的感受。教育工作者培養高度的性別敏感度，學習辨識學生的不適信號，並主動尋求改進互動方式的策略，建立既支持學習又尊重個體的教學環境。

## 毛律師幫你抓重點

### 1 性騷擾認定標準及常見誤解整理

**性騷擾認定標準 — 主觀感受與客觀影響**

**性騷擾認定：被害人感受為核心**

- 採用「合理被害人」標準
- 不以行為人主觀意圖為準
- 影響學習環境
- 以被害人感受為重
- 後續互動不影響認定
- 未經同意的身體接觸
- 超越社交界限
- 不受發生場合影響

**常見誤解** ✗

「我是出於好意」
→ 好意不能成為越界的理由

「是在公開場合發生的」
→ 公開場合同樣可構成性騷擾

圖 4-3-2　性騷擾認定標準總整理

### 2 預防與教育

- 教育工作者應嚴守與學生的身體界線。
- 發展替代性的非接觸式鼓勵與指導方式。
- 建立安全溝通管道，鼓勵學生表達感受。

# 4-4 狼師出沒，小心！

―――――――――― 教師性騷擾情節重大的判斷依據

林老師是天真國小的體育老師，教學經驗豐富，表面上深受學生喜愛。然而，他利用這種受歡迎的形象，長期對女學生進行嚴重的性騷擾行為。

小瑜是五年級的學生。她痛苦地透露，林老師經常藉機搭她的肩，然後手會故意滑到胸部，甚至直接觸摸。這種行為不只發生一次，而是持續了整個學期。小瑜因此經常做惡夢，害怕上學。

另一名學生小紫則表示，林老師會頻繁地撥弄她的頭髮，用手指摩挲她的臉頰，並經常貼在她耳邊說一些令人不適的話。小紫感到極度不安，甚至開始逃避上體育課。

更令人震驚的是，小芙也反映林老師曾多次藉指導動作為由，將手

伸進她的衣服內，觸摸她的身體。這種嚴重的侵犯行為導致小芙產生了嚴重的心理創傷，需要接受輔導。

這些惡劣行為持續了將近三年時間。許多女學生都遭受過類似的騷擾，但由於害怕和羞恥，一直保持沉默。直到有一天，小瑜終於鼓起勇氣向家長傾訴，小瑜的家長也去找了其他家長一起到學校跟學務主任說這件事，事情才被揭發。

學校立即啟動性平調查。面對指控，林老師辯解說：「我只是在關心學生，可能有些動作會被誤解。我對男女學生都一樣，沒有特別針對誰。」

然而，經過全面調查，包括詢問多名學生和教職員，證實了林老師長期、系統性地對女學生進行性騷擾。鑑於行為的嚴重性和持續性，以及對學生造成的巨大心理傷害，學校作出了最嚴厲的決定：解聘林老師，並終身禁止其再任教職（參見《教師法》第 14 條規定）。

## 毛律師來解惑

## 性騷擾情節重大判斷依據

　　性騷擾之情節重大與否，目前實務多援引教育部 112 年 9 月 26 日臺教學（三）字第 1122803970A 號函，審酌：「（一）行為人：行為是否基於故意、與被害人之關係（是否直接指導）、過往有無類似行為經學校調查屬實、曾處置告誡後再犯、有無挾怨報復、汙衊／轉嫁責任予被害人、串供、不當施壓被害人或其他受事件牽連之相關人等不具悔意之犯後態度。（二）被害人：被害人年齡（成年、未成年或年幼）、被害人身心狀況是否無法應變或反抗。（三）行為侵害之法益：如被害人身分、人數、被害人所受影響、被害人受害之狀況（程度）、侵害之結果是否發生等。（四）行為態樣：行為動機、目的、手段、侵害次數多寡、侵害時間長短、侵害之時間點（於個別指導時、上課時或其他時間）、是否由權力較大之一方主動、是否利用權勢或職務上之機會、是否違反被害人之意願、是否壓抑或無視被害人反抗繼續加害。（五）其他：對法秩序所生之危害、其影響程度、範圍等因素。」

　　就小瑜、小紫及小芙的案例來說，可以根據上述五點分析：

### 1. 行為人

❶ 林老師的行為明顯基於故意，且持續了長時間。

❷ 他利用作為老師的權勢地位對學生性騷擾。

❸ 面對指控時，他試圖將責任推諉為學生的誤解，顯示缺乏悔意。

## 2. 被害人
❶受害者都是未成年的小學生,身心狀況較為脆弱。
❷多名學生受到影響,造成集體性傷害。

## 3. 行為侵害之法益
❶對多名學生的身心健康和學習權造成負面影響。
❷造成了長期的心理創傷,需要專業輔導。

## 4. 行為態樣
❶行為次數多,時間長達三年。
❷發生在上課和指導過程中,明顯利用了職務之便。
❸無視學生的不適感,持續進行侵犯行為。

## 5. 其他影響
❶嚴重損害教師專業形象和學校聲譽。
❷對整個校園環境和其他學生產生負面影響。

總結而言,林老師的行為遠超越了一般的身體接觸,已構成嚴重的性騷擾,且行為持續時間長,受害學生眾多,顯示這是一種有計畫、系統性的侵犯,並造成學生嚴重的心理創傷,影響其學習權益和身心健康,故本件依《教師法》第14條第1項第5款規定,徹底將不適任的林老師排除在教育體系之外,以保護學生安全和維護教育環境的純淨。

## 毛律師建議你

面對狼師，學校應建立嚴格的教師監督機制，包括定期上各教育場域不適任人員通報及查詢系統查核比對名單、進行教育人員性別平等教育培訓，以及建立明確的師生互動界線指南。此外，學校應強化學生性騷擾防範教育，教導學生辨識不當行為並鼓勵勇於尋求協助。

就家長而言，應密切關注孩子的情緒變化，尤其是對特定課程或老師突然產生的恐懼或抗拒。保持開放的親子溝通管道，讓孩子感到安全並能表達不適的感受。一旦發現疑似不當行為，立即與學校聯繫，必要時直接向性平會提出申請調查或檢舉，同時提供孩子心理支持。

## 教師性騷擾處分等級差異

許多人可能會疑惑：同樣是性騷擾行為，為何處分輕重不一？這主要取決於行為的嚴重程度、持續時間、影響範圍及主觀惡意等因素。教師性騷擾行為的處分等級從輕到重可分為以下六種：

❶ **僅採取處置措施，不予懲處**：根據《性別平等教育法》第 26 條第 4 項，校園性騷擾情節輕微者，學校或主管機關得僅命行為人接受心理諮商與輔導，並視情況要求其向被害人道歉、接受性別平等教育課程或其他符合教育目的之措施，而不予懲處。這體現了「教育先於懲罰」的精神。

❷ **申誡或記過**：依《公立高級中等以下學校教師成績考核辦法》，當教師有不當行為，致損害教育人員聲譽，或行為違反相關教育

法令，但情節較輕時，可處以申誡或記過處分。

❸ **記大過**：依《公立高級中等以下學校教師成績考核辦法》，當教師行為違反相關法規且情節重大，但尚未達到解聘、不續聘或終局停聘程度時，可處以記大過處分。

❹ **終局停聘**：根據《教師法》第 18 條，當教師行為違反相關法規，已達停聘必要但未達解聘程度時，可處以 6 個月至 3 年的終局停聘。

❺ **解聘並限制任教一至四年**：依《教師法》第 15 條第 1 項第 1 款，經學校性平會調查確認有性騷擾行為，有解聘必要但情節尚未重大到須終身禁任時，可處以解聘並 1 至 4 年不得聘任為教師。

❻ **解聘並終身不得聘任**：根據《教師法》第 14 條第 1 項第 5 款，經學校性平會調查確認有性騷擾行為，且情節重大、行為惡劣、影響嚴重時，可處以解聘並終身不得聘任為教師的最嚴厲處分。

這套分級處分機制不僅確保了對不同嚴重程度性騷擾行為的適當懲處，也體現了教育矯正的理念，給予情節較輕微案件行為人改善的機會，同時也維護了受害學生權益與教育環境的純淨。

| 處分等級 | 法源依據 | 適用情形 |
|---|---|---|
| 僅採取處置措施，不予懲處 | 《性別平等教育法》第 26 條第 4 項 | 校園性騷擾情節輕微者 |
| 申誡或記過 | 《公立高級中等以下學校教師成績考核辦法》第 6 條第 2 項第 6 款或第 5 款 | 不當行為致損害教育人員聲譽，或違反教育法令 |
| 記大過 | 《公立高級中等以下學校教師成績考核辦法》第 6 條第 2 項第 4 款 | 行為違反相關法規且情節重大，但尚未達解聘、不續聘或終局停聘之程度 |
| 終局停聘 6 個月至 3 年 | 《教師法》第 18 條 | 行為違反相關法規，已達停聘必要但未達解聘程度 |
| 解聘並限制任教 1 至 4 年 | 《教師法》第 15 條第 1 項第 1 款 | 性騷擾行為有解聘必要但情節未達終身禁任 |
| 解聘並終身不得聘任 | 《教師法》第 14 條第 1 項第 5 款 | 性騷擾行為情節重大、行為惡劣、影響嚴重 |

圖 4-4-1　教師性騷擾處分等級對照表

更詳細指引，請參見教育部「學校校長及教職員工違反與性或性別有關之專業倫理防治指引」。

## 毛律師幫你抓重點

### 1 性騷擾情節重大判斷依據

**情節重大** 五大面向綜合判斷

教育部112年9月26日臺教學（三）字第1122803970A號函

**1 行為人**
- 行為是否基於故意
- 與被害人之關係（是否直接指導）
- 過往有無類似行為及曾處置告誡後再犯
- 有無挾怨報復、汙衊／轉嫁責任、串供、不當施壓等不具悔意之犯後態度

**2 被害人**
- 被害人年齡（成年、未成年或年幼）
- 被害人身心狀況是否無法應變或反抗

**3 行為侵害之法益**
- 被害人身分、人數
- 被害人所受影響
- 被害人受害之狀況（程度）
- 侵害之結果是否發生

**4 行為態樣**
- 行為動機、目的、手段
- 侵害次數多寡、時間長短
- 是否由權力較大之一方主動
- 是否利用權勢或職務上之機會
- 是否違反被害人意願或無視反抗

**5 其他影響**
- 對法秩序所生之危害及影響

圖 4-4-2　性騷擾情節重大的判斷依據

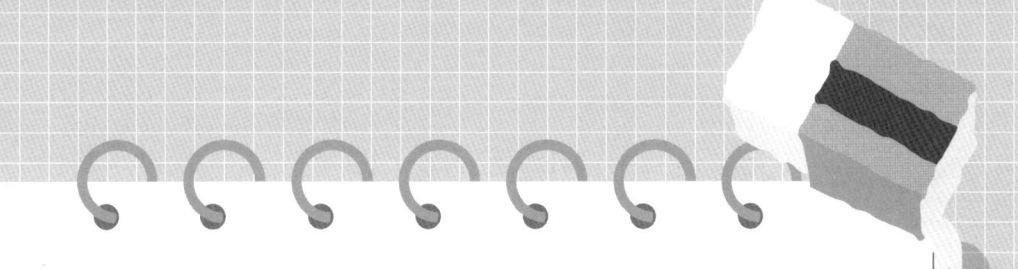

## 2 教師性騷擾行為嚴重程度及處分強度整理

**教師性騷擾處分等級階梯圖**

處分強度 ← 行為嚴重程度與情節

**解聘及終身不得聘任**
永久禁止任教
- 《教師法》第 14 條第 1 項第 5 款
- 「經學校性別平等教育委員會或依法組成之相關委員會調查確認有性騷擾或性霸凌行為，有解聘及終身不得聘任為教師之必要。」

**解聘**
1 至 4 年不得任教
- 《教師法》第 15 條第 1 項第 1 款
- 「經學校性別平等教育委員會或依法組成之相關委員會調查確認有性騷擾或性霸凌行為，有解聘之必要。」

**終局停聘**
6 個月至 3 年
- 《教師法》第 18 條
- 「教師行為違反相關法規……未達解聘之程度，而有停聘之必要者……議決停聘六個月至三年……予以終局停聘。」

**考核處分**
申誡／記過／記大過
- 《公立高級中等以下學校教師成績考核辦法》第 6 條

**僅處置不懲處**
情節輕微者
- 《性別平等教育法》第 26 條第 4 項
- 「校園性騷擾、性霸凌……情節輕微者，學校、主管機關或其他權責機關得僅依第二項規定為必要之處置。」

圖 4-4-3　教師性騷擾處分等級階梯圖

## 4-5 當老師成為學生的目標時？

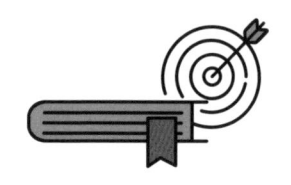

偷拍事件下的師生權益攻防

---

一個名為「獵影隊」的私密社團，由高三男生「領袖」復其發起，成員包括祥忠、劭揚、韋智和亦日。他們利用上課時間，偷拍年輕女老師的照片。在生物課上，新來的趙老師正在講解細胞結構。趙老師年輕漂亮，復其向祥忠使了個眼色，祥忠會意，便舉手請趙老師詳細解釋細胞膜功能。當趙老師走近祥忠的座位俯身細心講解時，坐在後排的劭揚趁機拿出手機，從高處偷偷對準趙老師拍攝。其他成員則故意東張西望，為劭揚打掩護。

下課後，「獵影隊」成員迅速在學校偏僻角落聚集。復其得意地說：「兄弟們，今天收穫不錯吧！」劭揚炫耀著剛才拍攝的照片，其他人興奮地低聲歡呼。祥忠提醒道：「快傳到群組裡，別讓別人看到。」這種行為持續了幾個月，群組充斥著多位年輕女教師的照片以及不當評論和討論。

有一天，亦日因分組作業與復其爭吵，復其一怒之下將亦日踢出群組。感到被背叛和羞辱的亦日，最終決定揭發這一切。亦日向學務主任說出整個事件。他哽咽地說：「我知道我們做錯了，但我實在無法再承受這種罪惡感……」

事情曝光後，被偷拍的老師們都感到極度震驚和受傷。趙老師難以置信地說：「我一直以為和學生互動良好，沒想到……」謝老師則痛苦地表示：「這種行為讓我覺得無處可逃，我該如何面對學生？」

學生家長被緊急召集到學校。復其的父親怒氣沖沖地說：「我兒子怎麼可能做出這種事？一定是被別人帶壞的！」而祥忠的母親則失聲痛哭：「我們平時太忙了，疏於管教……」

## 毛律師來解惑

根據《性別平等教育法》第 3 條規定，本案例中學生對老師的偷拍行為屬於校園性別事件，主要原因有二：

### 1. 事件對象符合規定

根據《性別平等教育法》第 3 條第 2 款的定義，本案例中的偷拍者（高中男學生）屬於「學生」類別，而被偷拍的對象（年輕女教師）屬於「教師」類別。這符合第 3 條第 3 款規定的「事件之一方為學校校長、教師、職員、工友或學生，他方為學生」條件。

### 2. 行為性質符合性騷擾定義

根據《性別平等教育法》第 3 條第 3 款第 2 目對性騷擾的定義，特別是第 1 點：「以明示或暗示之方式，從事不受歡迎且與性或性別有關之言詞或行為，致影響他人之人格尊嚴、學習、或工作之機會或表現者。」

本件學生通過偷拍年輕女教師較私密的畫面，明顯是與「性或性別」有關之行為。而且，未經同意偷拍別人顯然是「不受歡迎」行為。這種行為影響教師的人格尊嚴，也可能影響其工作表現。正如案例中提到，被偷拍的教師感到極度震驚和受傷，有的教師甚至感到不安全，這些都說明該行為已經對教師造成嚴重影響。

## 「師對生」與「生對師」處理程序差異

若校園性別事件中，行為人是老師，被害人是學生，也就是俗稱「師對生」的案例，通常學校一定要調查；但反過來，「生對師」的案例，如同本案，是否進入調查程序，會先尊重老師的意願，這是為了保護當事人的權益和維護校園安全。

## 最新政策修訂，確保學生權益

事實上，在 106 年之前，對於是否啟動調查程序，法規並沒有明確規定。然而，教育部於 106 年 7 月 28 日發布的函釋（臺教學（三）字第 1060103361 號）指出，如果事件涉及多名疑似被害人、多名疑似行為人，特別是當教職員工對學生有性侵害、性騷擾或性霸凌行為，或事件涉及校園安全議題時，學校的性平會可以評估該事件對學生受教權和校園安全的影響，並決定啟動調查程序。

在 113 年 3 月 6 日修訂的《校園性別事件防治準則》第 18 條第 3 項中列舉了五種情況，應由性平會決議是否啟動調查，其中特別強調「行為人為校長或教職員工」的情形。換句話說，即使學生沒有提出申請，只要行為人是教師，學校或主管機關，就必須召開性平會評估是否啟動調查程序。

修訂反映出立法者和教育主管部門的四個考量面向：

### 1. 權力不對等

教師與學生之間存在的「權力差距」，可能影響學生自主提出申請調查的意願。

### 2. 潛在影響廣泛

教師的不當行為可能影響多名學生，甚至整個校園環境。

### 3. 教育專業倫理

教師負有特殊的道德和法律責任，行為直接關係到教育品質和學生福祉。

### 4. 預防和制止

即時調查可以防止類似事件再次發生，保護更多潛在受害者。

## 毛律師建議你

政策修訂體現出社會對學生權益的保護，也反映社會對校園性別事件零容忍的態度。政策確保即使在受害學生可能因為各種原因不願意主動申請調查的情況下，相關單位仍能採取必要的行動，維護校園的安全和公平。

而當老師是被害人的案件，基於對成年人自主決定權的尊重，學校或主管機關原則上會尊重老師的決定，由老師自主決定是否提出調查申請，認為其有能力評估情況並做出最適合自己的選擇。

然而，根據《校園性別事件防治準則》第18條第3項規定，即使老師未主動提出申請，當學校或主管機關知悉疑似校園性別事件具有特定重大情形時（如二人以上被害人、二人以上行為人、行為人為校長或教職員工、涉及校園安全議題，或其他經性平會認有必要之情形），性平會仍應評估該事件對學生受教權及校園安全之影響，並可經會議決議以檢舉案形式強制啟動調查程序。此制度設計反映了在保障個人自主權與維護校園整體安全之間的平衡考量。

無論採取何種處理方式，學校和主管機關仍然有責任為受害教師提供必要的支持和資源，包括心理輔導、法律諮詢等（參見《性別平等教育法》第 25 條規定），以確保他們在做決定時能夠獲得充分的資訊和協助。

　　同時，學校應該建立安全的申訴機制和保護措施，鼓勵受害教師在感到安全和受到支持的情況下勇於發聲。此外，當案件可能涉及其他學生或影響到更廣泛的校園安全問題時，學校仍然需要在尊重教師隱私的前提下，採取適當的預防和保護措施，以維護整體校園環境的安全和健康。

## 毛律師幫你抓重點

**校園性別事件中,「師對生案件」與「生對師案件」處理機制比較**

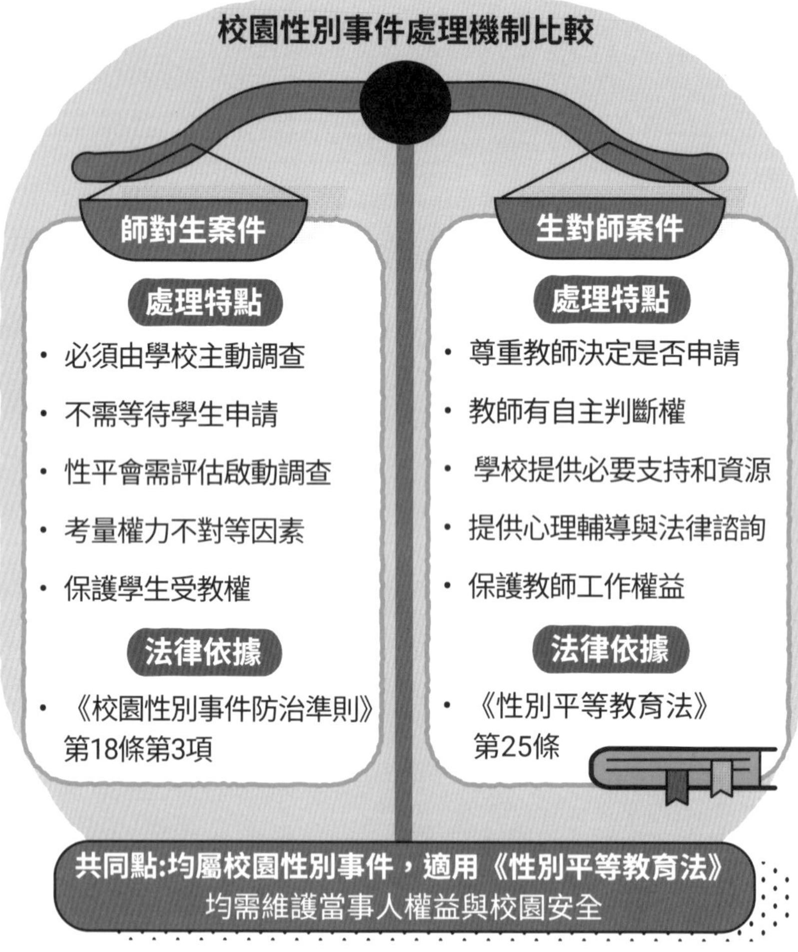

### 校園性別事件處理機制比較

**師對生案件**

處理特點
- 必須由學校主動調查
- 不需等待學生申請
- 性平會需評估啟動調查
- 考量權力不對等因素
- 保護學生受教權

法律依據
- 《校園性別事件防治準則》第18條第3項

**生對師案件**

處理特點
- 尊重教師決定是否申請
- 教師有自主判斷權
- 學校提供必要支持和資源
- 提供心理輔導與法律諮詢
- 保護教師工作權益

法律依據
- 《性別平等教育法》第25條

共同點:均屬校園性別事件,適用《性別平等教育法》
均需維護當事人權益與校園安全

圖 4-5　校園性別事件處理機制比較

# 4-6 猥褻也算性侵害？

―――――― 性別事件中的常見誤解

琪姍是活潑開朗、人緣甚佳的高一學生。某日放學後，她被高三學長、學生會幹部昌平以請教事情為由帶到學生會辦公室。起初談話正常，但昌平漸漸談及與身體有關的話題。當琪姍感到不適想離開時，昌平突然強行摟住她的腰，並試圖撫摸她的胸部。琪姍驚慌失措，奮力掙扎並大聲呼救。幸運的是，一位經過的老師聽到聲響即時制止了這一行為。

學校立即進行校安通報及社政通報。琪姍的家長得知後非常憤怒，提出性平調查申請。學校隨即啟動調查程序。經詳細調查後，性平會認定昌平的行為構成性侵害，建議給予記大過處分，並要求他接受性別平等教育課程。然而，昌平的父母對此結果感到震驚和不滿。他們堅持認為兒子只是一時衝動，並未實際發生性交行為，質疑學校誤判甚至栽贓，並威脅要向教育局投訴。

## 毛律師來解惑

這個案例凸顯了一個常見的誤解：許多人，包括昌平的父母，都認為只有發生性交行為才算性侵害。然而，法律對性侵害的定義遠比這個範圍要廣，讓我們先通過法律條文來釐清這個概念。

### 《性別平等教育法》的定義

《性別平等教育法》第3條第3款第1目規定，校園性別事件中的「性侵害」是指「《性侵害犯罪防治法》所稱性侵害犯罪之行為」。

《性侵害犯罪防治法》第2條第1款將「性侵害犯罪」定義為觸犯刑法特定條款的行為，包括第221條至第227條、第228條、第229條、第332條第2項第2款、第334條第2項第2款、第348條第2項第1款及其特別法之罪。

### 《刑法》中的相關規定

❶《中華民國刑法》第221條規定強制性交罪：「對於男女以強暴、脅迫、恐嚇、催眠術或其他違反其意願之方法而為性交者，處三年以上十年以下有期徒刑。」

❷《中華民國刑法》第224條規定強制猥褻罪：「對於男女以強暴、脅迫、恐嚇、催眠術或其他違反其意願之方法，而為猥褻之行為者，處六月以上五年以下有期徒刑。」

## 猥褻行為的定義

所謂猥褻指「客觀足以引起他人性慾，主觀滿足自己性慾，而侵害他人性自主決定權之行為。」這不僅包括強吻、強制擁抱，還包括撫摸、性器摩蹭等，凡是透過視覺或體感達到滿足性慾目的之行為都可能構成猥褻。

## 學校處分的限制

在本案中，儘管昌平的行為被認定為性侵害，但學校只能給予記大過的處分。這並非學校輕視事件的嚴重性，而是受限於現行的學生獎懲制度。目前，大多數學校的學生獎懲辦法通常有制定類似這樣的規定：「凡合於下列標準之一者，應予記大過處分……經本校性別平等教育委員會或依法組成之相關委員會調查確認有性侵害行為屬實者」。

值得注意的是，現行制度中並沒有直接退學的機制。學校的行政調查對於行為人的懲處只能依規定記大過，這反映目前校園處理性別事件時面臨的制度限制。

## 額外處置措施

除了記大過處分外，根據《性別平等教育法》第 26 條第 2 項，學校還可以要求行為人接受其他處置。這包括：

❶接受心理諮商與輔導。

❷經被害人或其法定代理人之同意，向被害人道歉。

❸接受八小時的性別平等教育相關課程。

❹其他符合教育目的的措施。

這些額外措施的目的是促進行為人的反省和改正，並預防類似事件再次發生。

在本案中，昌平強行摟抱和觸摸琪姍的行為，雖然沒有達到性交的程度，但符合《中華民國刑法》第224條強制猥褻罪的構成要件。通過這三個法律之間的連結，我們可以清楚地看到，這種行為在《性別平等教育法》的框架下確實構成了「性侵害」。

## 毛律師建議你

對於性侵害的理解不能停留在狹隘的定義上。任何違反他人意願且與性相關的行為都可能構成性侵害。學校、家庭和社會都有責任加強這方面的教育，培養互相尊重的觀念，共同創造一個安全、平等的環境。同時，也呼籲大家在面對此類事件時，應該謹慎判斷，不要輕易質疑學校的處理結果，而應該深入了解相關法律規定，以更全面的視角看待問題，避免無謂的誤會。

## 毛律師幫你抓重點

### 性侵害的法律定義範圍

**性侵害定義與範圍：破解常見誤會**

| 常見誤解 | 法律事實 |
|---|---|
| 「性侵害」僅指發生性交行為 | 「性侵害」包含性交與猥褻行為 |

**性侵害定義的法律階層結構**

《性別平等教育法》第3條第3款第1目
「性侵害」指
「《性侵害犯罪防治法》所稱性侵害犯罪之行為」

《性侵害犯罪防治法》第2條第1款
包含《刑法》第221條至第229條等相關條文之罪

《刑法》第221條:強制性交罪與《刑法》第224條:強制猥褻罪
違反他人意願，以強暴、脅迫等方法而為性交或猥褻行為

猥褻:客觀足以引起性慾、主觀滿足性慾、侵犯他人性自主權之行為

圖 4-6　性侵害定義範圍與常見誤會整理

## 4-7 遲到了 35 年的正義

——————— 校園性平案件的追訴時效

---

小雯深吸一口氣，推開學校會議室的門。三十五年的等待，終於來到這一刻。「畢業後我不敢再回來，這是一個曾經傷我很深的地方，我也害怕再遇到那個『垃圾』……」她看見坐在長桌後的調查委員。小雯挺直了背脊，眼神中閃爍著堅定的光芒。「我等這天等很久了……」小雯的聲音略帶顫抖，卻充滿了決心。

小雯今年五十歲，是一名成功的律師。然而她的內心深處一直有個揮之不去的陰影。三十五年前，十六歲的她是學校的資優生，深受當時班導王老師的青睞。起初，王老師對她格外關照，常常單獨輔導她學習。漸漸地，王老師開始對她毛手毛腳，甚至違反她意願進行猥褻並發生性關係。

「高中那幾年，我活在恐懼和羞恥中。每天上學對我來說，都是一

種煎熬。」小雯的聲音哽咽……當時年少無知的小雯，既恐懼又困惑，不知該如何是好。她不敢告訴任何人，只能獨自承受這份痛苦。這段不堪的經歷持續了兩年，直到小雯高中畢業。

畢業後，小雯下定決心要學習法律。她想為自己發聲，更要防止這樣的事件再次發生在其他無辜的學生身上。這個決定成為她人生的轉折點，她奮發圖強考上知名大學法律系。

多年來，小雯幫助過許多受害者尋求正義，但她內心深處那段往事仍是一個揮之不去的陰影。直到有一天，她得知王老師已經退休，享受著優渥的退休金。想到王老師可能在職業生涯中還傷害了其他女學生，小雯決定是時候為自己的過去討回公道了。

## 毛律師來解惑

### 校園性別事件申請調查無時效限制

根據《性別平等教育法》，被害人如欲提出校園性別事件申請調查，並無時限之規定。只要事件發生當時，當事人之身分為一方是學生，一方是教職員工生，即可向學校提出申請調查。

## 退休不影響調查和處分

在小雯的案例中，雖然事發已經三十五年，王老師也已退休，但她仍然可以提出申請。如果當時的學校已經裁撤，也可以向主管機關提出；如果不知道要向誰提出，最簡單的方法就是投書教育部部長信箱，盡可能詳細地描述情況，包括時間、地點和相關人員的資訊，主管機關收到信件後就會轉給管轄學校或機關處理。《校園性別事件防治準則》第29條第2項規定，「調查程序，不因行為人喪失原身分而中止。」也就是說，即使加害人已經退休，仍然可以進行調查。

## 刑事追訴期限與告訴期限

根據《中華民國刑法》第80條規定，《性騷擾防治法》第25條第1項性騷擾罪的追訴期是「十年」、《中華民國刑法》第224條強制猥褻罪的追訴期是「二十年」、同法第221條強制性交罪的追訴期是「三十年」。然而，需要注意的是，性騷擾屬於告訴乃論之罪，必須在知悉加害人之日起「六個月」內提出告訴，否則就無法進行刑事追訴。

需注意的是，三十五年前的案件適用當時的法律規定，追訴期限比現行法律更短。《中華民國刑法》第80條經過修正，早期的性侵害犯罪追訴期限遠短於現在。在小雯的案例中，無論依照當時或現在的法律規定，刑事追訴期均已過，但這並不影響她提出校園性別事件申請調查的權利。

## 行政調查的重要性

即使刑事追訴已過期限，行政調查仍然非常重要。因為透過調查，才能還原事實真相，給予受害者一個交代，並防止類似事件再次發生。此外，行政調查結果可作為改善校園性別平等環境的依據，推動更安全、公正的學習空間。

### 毛律師建議你

小雯的案例反映，性侵害對受害者造成的心理創傷可能持續多年。因此，提供長期的心理輔導和支持非常重要，同時，鼓勵受害者勇於發聲也是一種療癒自己的方式。即使教師已退休，教育體系仍有責任調查過去發生的校園性別事件，並採取適當的處置。這體現了教育界對學生安全和權益的長期承諾。

## 毛律師幫你抓重點

### 1 校園性別案件申請調查流程說明

**校園性別案件申請調查流程圖**

性別事件受害人
無論事發多久，身份符合即可申請

↓

選擇申請調查方式

↓

- 原學校／加害人服務學校
- 主管機關
  學校已裁撤或不確定

↓

性平會受理並啟動調查

↓

調查結果與處置
即使行為人已退休也不影響調查

**申請提示 ⚠**
- 描述事件時間地點
- 提供相關人員資訊
- 不確定申請對象可投書教育部長信箱
- 尋求專業協助
- 保存相關證據

圖 4-7-1　校園性別事件申請調查流程圖

## 2　性別事件刑事追訴時效整理

### 性別事件刑事追訴時效表

| 犯罪類型 | 追訴期限 | 告訴期限 |
|---|---|---|
| ・性騷擾罪 | 10年 | 知悉後6個月內 |
| ・強制猥褻罪 | 20年 | 非告訴乃論 |
| ・強制性交罪 | 30年 | 非告訴乃論 |

**注意！**

此表格依現行法律規定。追訴期限是從犯罪行為完成之日起計算,而告訴期限則是從知悉加害人之日起計算。即使刑事追訴權已過期,仍可提出校園性別事件調查申請。

表 4-7-2　性別事件刑事追訴時效表

## 4-8 王老師是色狼！

性平通報義務與程序詳解

蔡老師是高中輔導老師，深受學生信賴。一天，一位女學生宥雯找她，欲言又止地說：「王老師最近總是單獨約我出去……我感覺怪怪的。」蔡老師察覺到事態的嚴重性，決定依法通報。

她在二十四小時內向學校進行了通報。隨後，同校黃老師和陳老師也分別聽到類似的傳言：「王老師是色狼」，他們也各自進行了通報。

然而，事情並未就此平息。當王老師得知自己被通報後，非常憤怒。他堅稱自己只是關心學生，約學生出去是為了進行課業輔導。他認為三位老師的行為嚴重損害了他的名譽，於是向法院提起了誹謗罪的自訴。法官在經過仔細的調查後，做出了駁回自訴的裁定。

## 毛律師來解惑

宥雯的案例說明了教師有法定義務通報性別事件。根據《性別平等教育法》第 22 條規定，教師在知悉發生疑似校園性別事件後，必須在二十四小時內向學校權責人員通報。蔡老師、黃老師和陳老師的行為正是履行了這一義務。

## 未按時通報的法律後果

《性別平等教育法》第 43 條第 1 項第 1 款明確規定，如果校長、教師、職員或工友無正當理由未在二十四小時內通報，將面臨新臺幣三萬元到十五萬元的罰鍰。這說明了立法者對即時通報的重視，也為教育工作者提供了明確的行動指南。

## 通報前無需事先調查

法院明確指出，教師在通報時無需、也不應自行調查。這一點非常重要，因為它保護了潛在受害者，也避免了教師陷入可能的調查偏差。《性別平等教育法》第 22 條第 3 項明文規定：「學校或主管機關處理校園性別事件，應將該事件交由所設之性別平等教育委員會調查處理，任何人不得另設調查機制，違反者其調查無效。」

三位老師的通報行為不構成損害了王老師的名譽，及誹謗罪的要件，原因如下：

### 1. 具事實基礎的通報

王老師確實有私下邀約學生出遊的事實。這說明三位老師的通報並非憑空捏造，而是基於合理的懷疑。

### 2. 通報者的動機判斷

三位老師是在履行法定義務，難以認定他們有損害他人名譽的意圖。這一判斷為善意通報者提供了法律保護。

## 毛律師建議你

面對疑似校園性別事件，法律明確規定了通報的時限和未遵守的後果，即時通報不僅是法律義務，更是保護學生和維護校園安全的重要手段。這既是對教育工作者的要求，也是對他們的保護。儘管可能面臨質疑甚至法律風險，教育工作者仍然應該堅持依法行事。

王老師的案例不僅涉及個人行為，更反映了整個校園文化。如何在保護學生安全和尊重教師權益之間找到平衡，同時確保通報機制的有效運作，是每所學校都需要認真考慮的問題。

案例中學生的不安感受，以及教師們的敏銳觀察，都反映了提高全社會性別意識的重要性。

## 毛律師幫你抓重點

### 教師校園性別事件通報義務與法律保障

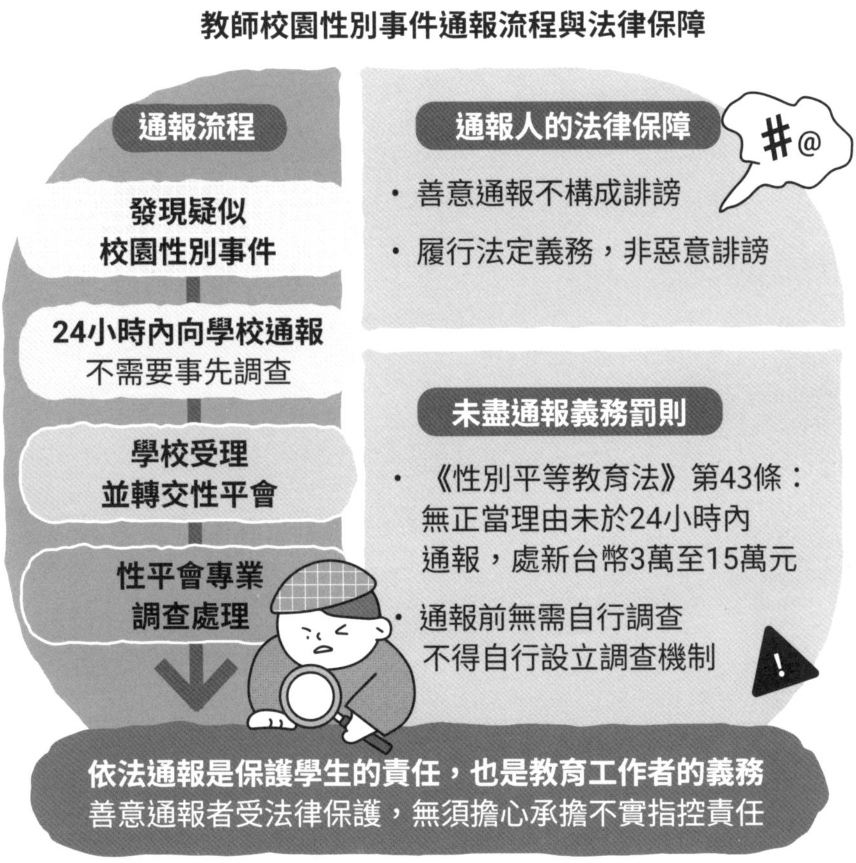

**教師校園性別事件通報流程與法律保障**

**通報流程**
- 發現疑似校園性別事件
- 24小時內向學校通報 不需要事先調查
- 學校受理並轉交性平會
- 性平會專業調查處理

**通報人的法律保障**
- 善意通報不構成誹謗
- 履行法定義務，非惡意誹謗

**未盡通報義務罰則**
- 《性別平等教育法》第43條：無正當理由未於24小時內通報，處新台幣3萬至15萬元
- 通報前無需自行調查 不得自行設立調查機制

**依法通報是保護學生的責任，也是教育工作者的義務**
善意通報者受法律保護，無須擔心承擔不實指控責任

圖 4-8　校園性別事件通報流程與法律保障

CHAPTER

# 5

## 解決問題的
## 一百種方法

## 5-1 你以為是善意提醒，其實是 4D 語言？

**Diagnosis**
**Denial**
**Demand**
**Deserve**

―――――――――――― 打造親師互信的溝通策略

國小一年級的思潔患有氣喘，臉色總是比其他同學蒼白，呼吸也容易急促。因此，她經常需要請假在家休養。這天，她又因氣喘發作缺席，這讓吳老師看著空著的座位嘆氣：「這樣下去，思潔的學業怎麼辦？」隔天思潔回來上課，他忍不住在課堂上說了句：「大家知道嗎？我們班的『請假大王』來了——思潔同學！我看她可以去申請金氏世界紀錄了！」引來同學們一陣輕笑。

當天，吳老師在聯絡簿上寫下：「思潔媽媽，妳常常幫小孩請假，這樣好嗎？」然後心想：「這樣應該能讓家長重視起來吧？」放學後，思潔媽媽看到聯絡簿的留言後，心中充滿憤怒與不解：「老師竟然敢這樣批評我的決定？他憑什麼干涉我怎麼照顧自己的孩子！」她想到每一次帶思潔去看醫生，她氣喘發作時的痛苦，又焦慮又著急，心中不禁呢喃：「我只是想保護她，為什麼老師不理解？」

還這樣說我和我的孩子⋯⋯」

當天晚上,她忍不住打給 1999 市民服務熱線投訴:「我女兒是因為生病經常請假,可是老師在班上公開說她是『請假大王』,還說可以申請金氏世界紀錄,這樣公審孩子對嗎?而且還干涉我怎樣當媽媽!」

隔天學校接獲教育局轉來這案件,學校召開校事會議決議受理此案,但認為案件還算單純,因此依照《高級中等以下學校教師解聘不續聘停聘或資遣辦法》第 13 條第 1 項第 1 款規定自行派員調查。經過調查,學校認定吳老師的言行確實不當,要求他向思潔和家長道歉,並安排吳老師參加班級經營及親師溝通專業研習課程。

## 毛律師來解惑

在這個案例中,吳老師在班上公開稱思潔為「請假大王」,並暗示她可以申請金氏世界紀錄,這種做法屬於不當管教的範疇。公開指責學生,不僅可能讓孩子感到難堪,還可能引起家長對於老師公審孩子的質疑。現今教育,老師的言行不僅影響學生的自尊心,也影響家長對學校的信任。

## 不當管教與公開指責的影響

根據《學校訂定教師輔導與管教學生辦法注意事項》，不當管教包括教師在教育過程中對學生採取的措施，違反輔導管教相關法令，且使學生身心受到侵害的行為。

公開指責學生，尤其是在學生健康本就脆弱的情況下，容易對學生造成心理壓力，進而影響他們的學習和成長。這種行為違反了「比例原則」，即輔導與管教措施應與學生違規行為之情節輕重相當，並應選擇對學生權益損害較少者，同時也違反了第14點第2項第2款「輔導與管教方式應考量學生身心發展之個別差異，符合學生之人格尊嚴」的重要規定。

## 親師溝通的重要性與用詞的注意

在日常教學中，老師們經常需要與家長進行溝通，以確保學生的學習和成長順利。然而，有時候一些無心的話語可能會引發誤解和不必要的衝突，這讓我意識到，哪怕是出於善意的提醒，也可能因措辭不當而讓家長感到被指責。

例如，吳老師在聯絡簿上寫道：「思潔媽媽，你常常幫小孩請假，這樣好嗎？」這句話很容易讓思潔媽媽感到老師在干涉她作為母親的決定，並引發強烈的反感。事實上，這種語言屬於「4D語言」，即「評斷／診斷／判斷（Diagnosis）、否定（Denial）、命令（Demand）和應得（Deserve）」，這些語言模式常常在無意中引發誤解和衝突。

## 4D 語言的概念與避免方法

4D 語言的概念最初由馬歇爾・盧森堡博士（Marshall B. Rosenberg）在「非暴力溝通」(Nonviolent Communication, NVC) 理論中提出。在教師與家長的溝通中，4D 語言常常出現，導致家長容易感到被指責或不被理解。

以下是一些常見的 4D 語言及影響：

❶ **評斷／診斷／判斷**：例如：「你這樣做是因為你懶惰。」這種話語會讓學生和家長感到被批評，進而產生抵觸情緒。

❷ **否定**：例如：「我不相信你真的有那麼多事情要請假。」這種否定會讓家長覺得老師不信任他們，增加溝通的困難。

❸ **命令**：例如：「你必須按時交作業，否則就別上課。」這種命令式的語氣會讓學生感到壓力，甚至導致反抗。

❹ **應得**：例如：「你這樣懶惰，就應該受到懲罰。」這種話語容易引起學生和家長的敵意。

### 毛律師建議你

## 建設性溝通策略

為了避免類似衝突，老師們應該採取更有建設性的溝通策略，如：

❶ **避免指責性語言**：使用中立且不帶情感色彩的語言，例如：「我注意到孩子最近在課堂上有些不集中，這讓我有點擔心。」

❷ **使用「我」陳述**：將重點放在觀察與感受上，而不是個人行為的評價，例如：「我擔心孩子在課堂上的表現，所以想與您一起探討解決方法。」

❸ **表達對家長的理解和尊重**：強調理解家長的立場和感受，例如：「我知道您非常關心孩子的學習，我們一起來看看怎麼能幫助他。」

❹ **專注於孩子的利益**：將討論的重點放在孩子的需要和如何改善孩子的狀況上，而不是放在家長的行為或決定上。

❺ **提供具體的建議和支持**：例如：「我們可以試試在課堂上給孩子一些短暫的休息時間，這可能有助於他更好地集中注意力。」

## 實例演練

**如何讓聯絡簿成為正向對話的橋樑？**

**錯誤示範：**「思潔媽媽，你常常幫小孩請假，這樣好嗎？」

**正確示範：**「思潔最近因為健康問題缺課較多，我很關心她的學習進度。請問我們能否一起討論如何在她健康狀況允許的情況下，幫助她跟上課程？如有需要，我很樂意提供額外的學習資料或課後輔導。」

有時候，一句無心的話，可能讓別人感到難過。每個人都有自己的難處，我們應該互相理解和幫助。吳老師或許也覺得他很委屈，因為他是出於關心學生的學業進度，但其措辭和方式卻引發了家長的不滿，這反映了溝通中的語言和態度對親師關係的重要性。只有在雙方建立互信與理解的基礎上，才能共同為孩子創造一個更好的學習環境。

## 毛律師幫你抓重點

### 打造師生互信的建設性溝通策略

**建設性溝通策略** — 師生互動的五大有效策略

1. **避免指責性語言** — 使用中立且不帶情感色彩的語言
2. **使用「我」陳述** — 將重點放在事件觀察和感受上,而非評價
3. **表達理解和尊重** — 強調理解家長的立場和感受
4. **專注於孩子的利益** — 將討論重點放在孩子的需要上
5. **提供具體建議和支持** — 給出可行的解決方案和必要的支持

**親師溝通對比**

VS

**建設性溝通**
思潔最近因為健康問題缺課較多,我很關心她的學習進度。我們能否討論如何幫助她?
→ 促進合作與相互理解

**不當溝通(4D語言)**
思潔媽媽,你常常幫小孩請假,這樣好嗎?
→ 引發對抗與不信任

圖 5-1　建設性溝通效果比較

## 5-2 想用訴訟爭取權益，為何最後雙方都輸了？

——————————— 化解校園衝突新途徑

怡心用心經營自己的 YouTube 頻道，經常分享舞蹈和唱歌的影片，吸引了許多粉絲。然而，最近頻道上湧入大量負面評論，指責她「才藝全是假的」、「過度炒作」。起初怡心並不在意，但惡意攻擊愈發升級，不斷有人指名道姓侮辱她，說「她的好成績是作弊得來的」。這些惡毒言論讓她徹底崩潰。

在學校，怡心發現同學依婷經常在她經過時低聲竊笑，還四處散布有關她的謠言。這讓怡心懷疑，依婷很可能就是那些網路攻擊的幕後黑手。

忍無可忍下，怡心告訴了身為律師的爸爸。由於怡心爸爸對於網路霸凌案件經驗有限，於是他聘請專業律師，希望為女兒討回公道，並到警局報案，對依婷及其父母提起訴訟，要求連帶賠償一百萬

元。怡心爸爸表示:「這些攻擊已經超出了玩笑的範疇,我必須透過法律來維護女兒的權益。」

然而,依婷媽媽堅持自己的女兒只是開玩笑,不應承擔如此嚴重的責任,於是也聘請律師主張權益。雙方在法庭上激烈對抗,氣氛充滿緊張和敵意。

針對刑事部分,少年法院認為是依婷所為,但考量依婷的家庭及就學狀況均正常,故裁定不付審理。至於民事部分,法院判決她和父母在民事上賠償三萬元。儘管有了判決,雙方家庭的關係卻因訴訟過程中的對立變得更加緊張。彼此關係也回不去了。

## 毛律師來解惑

　　這場法律戰的結果,並未真正帶來「勝利」,反而讓雙方都付出了沉重的代價:

❶ **對怡心及其家庭而言:**高額訴訟成本(律師費至少六萬元),最終獲賠金額遠低於投入的費用。訴訟期間,怡心受到更多媒體與同儕關注,心理壓力倍增,可見法律上的勝訴無法真正修復她在校園中的人際關係。

❷ **對依婷及其家庭而言**：面對訴訟帶來的社會標籤與心理壓力。訴訟期間，依婷在學校受到同學排擠，變得沉默寡言。家庭氣氛緊繃，親子間也產生更多摩擦。

❸ **對雙方關係的影響**：原本或許還能修復的關係，因法律對抗變得難以挽回。雙方家長從彼此誤解，到最終演變為仇視，無法和平對話。

法律雖然能夠提供判決，但無法真正修復已經破裂的關係。在許多校園衝突中，訴訟的結果往往是「雙輸」──沒有真正的「贏家」。

## 校園網路霸凌案件訴訟的常見結果

根據我的經驗，家長選擇用訴訟解決衝突，往往導致以下三個結果：

❶ **高成本低回報**：律師費、裁判費、證人旅費等費用往往超過最終賠償金額。

❷ **漫長等待**：訴訟過程曠日費時，對學生心理發展不利。

❸ **關係撕裂**：對抗性訴訟過程破壞學生間關係，造成長期心理負擔。

既然訴訟付出巨大的代價，那為何還有不少家長選擇訴訟？根據我的觀察，許多家長選擇提告，往往出於以下三種原因：

❶ **情緒驅動**：當孩子受到傷害，父母的第一反應是保護他們，憤怒與悲傷可能導致他們選擇最直接、最具「懲罰性」的方式──訴訟。

❷ **法律迷思**：部分家長認為「只要打官司，正義就會獲得伸張」，

卻忽略了法律程序的限制，以及判決可能無法達成原本期待的效果。

❸ **對其他選項並不了解**：許多家長不清楚除了訴訟之外，還有其他解決方式，例如：調和，能夠讓孩子真正理解錯誤、修復關係。

## 毛律師建議你

## 有沒有更好的選擇？

當家長面對孩子的人際衝突時，應該思考：「我們真正的目標是懲罰對方，還是希望孩子能夠從中學習？」如果目標是後者，那麼，除了訴訟，或許還有更好的選擇。

以下整理出三種解決校園衝突方式的特點、適用情況以及可能結果的比較，提供家長選擇。

在 5-3〈孩子被排擠孤立，調和能解決問題嗎？——調和程序流程與適用情境〉，將進一步探討調和機制如何運作，以及如何透過修復式對話來化解衝突，讓校園衝突有機會轉化為學習與成長的契機。

| 解決方式 | 特點 | 適用情況 | 可能結果 |
|---|---|---|---|
| 調和 | 學校聘請專業委員引導對話，強調溝通理解與關係修復，過程保密、省時、無費用 | 一般人際衝突，雙方願意溝通，希望維持關係 | 關係修復，共同成長，互相理解 |
| 調查 | 學校聘請專業委員進行調查，查明事實，過程較正式 | 雙方或一方拒絕溝通，需確定責任歸屬 | 關係緊張，單向處罰 |
| 訴訟 | 法律途徑解決，耗時費力且對立 | 嚴重違法行為，希望法院認定 | 關係破裂，高額費用，心理創傷 |

圖 5-2-1　調和 VS 調查 VS 訴訟制度比較

## 毛律師幫你抓重點

**訴訟以外更好的選擇**

- **訴訟的代價**：心理壓力、時間與金錢成本、關係破裂。
- **選擇訴訟原因**：情緒驅動、法律迷思、對其他選項不了解。
- **訴訟的結果**：可能獲得判決賠償，但往往是雙輸，且無法真正修復關係。
- **更好的選擇**：除了訴訟，應考慮對話、理解與調和等方式。

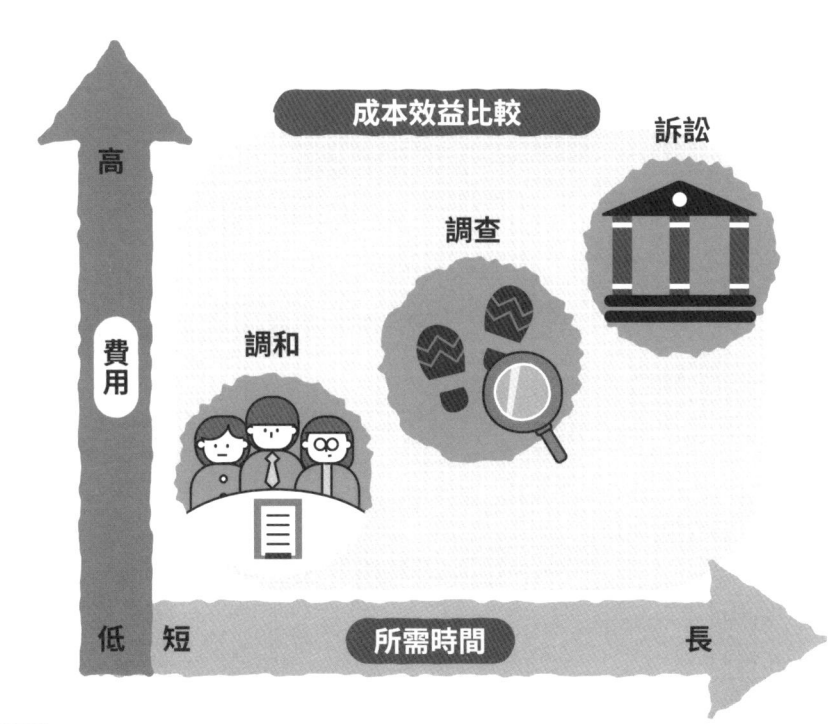

圖 5-2-2　調和、調查及訴訟制度成本效益比較

## 5-3 孩子被排擠孤立，調和能解決問題嗎？

———————————— 調和程序流程與適用情境

國中二年級的可欣，在班上有屬於自己的朋友圈，但近幾個月來，她卻發現自己漸漸被班上的主要小團體排擠在外。「可欣，今天的小組活動我們已經分好組了，妳去別組吧！」「下課要去福利社，但……可欣，妳就不用跟來了。」

一開始可欣並不在意，但排擠的情況越來越明顯。午餐時，同學們總是刻意不留位置給她；班級群組裡，大家也刻意忽視她的意見。週末的聚會活動，她再也沒有收到邀請。不久後，可欣發現這一切似乎是由班上頗有影響力的佳穎主導。作為班上公認的「意見領袖」，佳穎似乎對可欣有著某種不滿，並帶動其他同學一起孤立她。隨著孤立感越來越強烈，可欣開始感到焦慮，成績也明顯下滑，甚至出現了不想上學的想法。可欣的媽媽察覺到異常，耐心詢問下，可欣終於道出了實情。可欣媽媽了解情況後，心疼不已，決定向學校反映這個問題。

## 毛律師來解惑

# 調和：法定衝突解決機制

學校接獲可欣媽媽的反映後，決定受理此案，並依照《校園霸凌防制準則》第 9 條、第 27 條第 2 項規定，自「生對生霸凌事件專業調和及調查人才庫」聘請兩位專業人士，加上校內一位老師，組成處理小組。

處理小組的委員詢問可欣媽媽是否願意與對方進行「調和」，還是希望直接啟動調查程序。可欣媽媽對調和並不熟悉，便詢問其具體內容。處理小組委員張老師解釋道，以往的調查結束後通常會進行懲處或輔導，但這往往會對雙方的關係造成不可逆的損害。而調和作為《校園霸凌防制準則》規定的一項正式程序，提供了一種更具建設性的方法來解決校園衝突。調和不僅旨在解決當前的問題，更能教育和引導學生未來如何更好地與他人相處。「調和」的角色在於保持中立和公正，促進雙方對話與相互理解，幫助他們找到解決問題的方法，修復關係並減少創傷。

張老師強調：「調和只有在雙方都同意的情況下才能進行。」(參見《校園霸凌防制準則》第 29 條) 他還補充道，為了保護雙方的隱私，會前會不會錄音或錄影，目的是了解雙方的感受、需求及期望，以促進雙方的理解與和解。

# 調和程序四階段

然後，張老師向可欣媽媽詳細說明調和的具體流程：

❶ **準備階段**：調和委員會分別與雙方進行個別會談，了解衝突的本質、各自的感受和期望。
❷ **開場階段**：在正式調和會議中，調和委員會說明調和的規則和流程，創造安全、尊重的對話環境。
❸ **對話階段**：雙方輪流表達自己的感受和需求，調和委員引導雙方進行建設性的溝通。
❹ **解決方案階段**：在相互理解的基礎上，雙方共同制定可行的解決方案。

可欣媽媽聽完後，同意嘗試調和的方式來解決問題，學校隨即安排了調和會議。

## 雙方表達意見

❶ **可欣的陳述**：可欣在會議中陳述了她的感受：「這幾個月來，我感覺自己漸漸被班上同學排擠了。大家一起活動時總是忽略我，好像我是隱形人一樣。這種被孤立的感覺真的很難受，我只是想和大家一起相處，但現在我甚至害怕上學了。」

❷ **佳穎的反應**：佳穎起初顯得有些驚訝：「我沒想到可欣會這麼難過，我不是故意要排擠她的。」經過調和委員的引導，佳穎逐漸意識到自己行為的影響：「可能是因為上學期小組報告時，我覺得可欣沒有做好自己的部分，所以有些不滿。但我沒想到自己的態度會影響到這麼多同學，讓可欣感到被孤立。」

調和委員進一步引導她思考：「如果你是可欣，處在一個感覺被所有人排斥的環境中，你會有什麼感受？」

佳穎沉思片刻後回答：「我可能會很難過，也會很孤單。我現在明白自己的行為給可欣帶來了多大的痛苦。對不起，可欣，我真的不應該這樣做。」

## 委員協助制定解決方案

隨後，委員協助雙方共同制定了調和方案，包括：

❶ **重建溝通橋樑**：佳穎承諾與可欣定期進行一對一溝通，了解彼此的想法和期望。

❷ **小組合作機會**：老師將安排佳穎和可欣在下一次專題研究中合作，給予雙方共同完成任務的機會。

❸ **團體活動參與**：佳穎同意在班級活動中主動邀請可欣加入，並確保她能融入小組。

❹ **班級氛圍改善**：在班導師的協助下，舉辦「友誼月」活動，促進班級內不同小團體之間的交流與融合。

❺ **輔導支持**：雙方同意接受學校輔導老師的定期追蹤與支持。

## 調和結果

經過調和及方案執行，班級氛圍逐漸改善。佳穎開始主動邀請可欣參與活動，其他同學也慢慢改變了態度。在專題研究的合作過程中，佳穎

發現可欣其實有很多優秀的想法，而可欣也學會了更好地表達自己。三個月後的追蹤會議中，可欣表示：「現在我感覺自己真的是班級的一份子了，不再是局外人。」佳穎也說：「這次經歷讓我學會了如何尊重他人，也明白了自己的言行對他人的影響有多大。」班導師也觀察到，經過這次調和，整個班級的氛圍變得更加包容和友善，不再明顯出現小團體之間的隔閡。

## 毛律師建議你

### 調和的意義與優勢

調和機制並非只是解決當前衝突的工具，更是一種教育過程。它提供了不同於傳統懲罰性措施的新途徑，讓孩子在調和過程中學習如何表達自己的感受、聆聽他人的想法，以及如何承擔責任。透過調和，學生能獲得解決問題的實際經驗，而不是僅僅接受外部的懲罰或批評。

在可欣和佳穎的案例中，若採用傳統的調查和懲處方式，可能會強化雙方的對立，甚至分化班級。但調和成功地幫助她們理解彼此的處境和感受。佳穎不僅認識到自己行為的影響力，還主動採取行動改變小團體的氛圍；而可欣也有機會表達自己的感受，獲得情感上的修復。更重要的是，這個過程不只改變了當事人，還促進了整個班級文化的正向發展，從「排斥異己」轉變為「包容差異」。

# 如何判斷案件適合調和，還是調查？

面對校園衝突，家長和教師常常難以選擇最適當的處理方式。以下十點可以協助你做出決定：

### 1. 適合調和的情況

❶ 雙方都有意願進行溝通和對話。
❷ 希望維護和修復雙方的關係。
❸ 孩子有意願學習並改變自己的行為。
❹ 問題涉及到誤解或缺乏溝通。
❺ 團體動態問題（如：班級分化、排擠現象）。

### 2. 適合調查的情況

❶ 雙方或一方拒絕溝通或參與調和過程。
❷ 事件性質嚴重（如：肢體暴力、嚴重的精神傷害）。
❸ 需要明確責任歸屬以便後續處置。
❹ 已經嘗試調和但未能達成有效解決。
❺ 涉及到違法或嚴重違反校規的行為。

理想情況下，可以先嘗試調和程序，若無法達成共識或情況不適合調和，再進行正式調查。無論選擇哪種方式，都應以孩子的福祉為中心，提供足夠的心理支持和引導。

## 毛律師幫你抓重點

### 1 調和與調查制度比較

| 方式 | 調和 | 調查 |
|---|---|---|
| 適用情境 | 雙方願意溝通 | 雙方或一方拒絕溝通 |
| 主要目標 | 修復關係，促進理解 | 確認責任，進行處置 |
| 處理方式 | 雙方對話，制定調和方案 | 進行調查、懲處 |
| 可能之結果 | 建立長遠關係，關係修復 | 短期震懾，對立加深 |

圖 5-3-1　調和 VS 調查制度比較表

### 2 調和程序流程

**調和程序流程**

- 初步接觸：初步了解、溝通
- 前期準備：評估衝突、準備
- 正式調和：面對面對話
- 後續跟進：監督執行、支持
- 達成協議：雙方同意解決方案

**特點**：調和程序靈活高效，初步接觸和達成協議有時甚至可在同一天內完成。整個過程以修復關係、相互理解為目標，而非確定誰對誰錯。調和注重雙方自願參與，尊重彼此意願，最終達成雙方均可接受的解決方案。

圖 5-3-2　調和程序流程圖

## 5-4 校方處理不當，找民意代表介入最有效？

———————————— 正確處理衝突糾紛的方式

國小五年級的宜華和美甯一直是好朋友。一天課間活動時，宜華無意間把美甯的水壺弄倒了，水灑了一地。美甯一怒之下推了宜華一把，宜華也不甘示弱，兩人因此爭吵，並互相推擠。同學見狀立刻通知班導師李老師。

李老師趕來後將兩人分開，了解事情經過後，發現兩人並無傷害對方的意圖。李老師安撫了兩人，並約定放學後與雙方家長溝通，希望能共同解決這次衝突。

放學後，宜華和美甯的家長來到學校。美甯爸爸情緒激動，認為宜華故意欺負他女兒，要求嚴厲懲罰。而宜華媽媽覺得這只是孩子之間的偶發性衝突，應該以教育為主。

李老師向雙方家長說明經過，並表示：「根據教育部相關規定與我們學校的輔導原則，這類偶發性的衝突，學校會採取適當的輔導措施，包括情緒管理課程、同理心訓練和人際關係輔導，而非以懲罰為主要手段。」

李老師還進一步說明具體輔導措施：「我們會安排輔導老師個別與兩位同學晤談，了解她們的情緒狀態；接著會有小團體的和解會談，讓孩子學習表達自己的感受並聆聽對方的心聲；同時，我們也會在班級中進行人際關係與情緒管理的主題課程，幫助全班同學一起學習。」

然而，美甯爸爸仍然不滿，認為學校不該縱容暴力，繼續質問學校為何不給宜華「記過」，要宜華為自己的行為負責。

李老師再次解釋：「根據現行教育相關規定，國小學階段並沒有記過制度，而是強調正向輔導與情緒管理教育。針對這類衝突，學校通常會透過輔導教育來協助學生學習人際關係與情緒管理，而不是採取紀錄性的懲罰。」

然而，美甯爸爸仍然無法接受李老師的說法，認為學校處理不當，因此找了當地議員介入此事。幾天後，議員助理聯繫了學校，並要求學校說明具體情況，並好好處理。學校依議員助理要求提交了報告，但維持原本的處理決議。這讓美甯的爸爸感到更加憤怒。

## 毛律師來解惑

孩子在校園生活中，難免會遇到各種衝突和問題。當問題發生時，家長的第一反應通常是想要保護孩子，尋求最有效的解決方法。然而，許多家長會選擇找民意代表介入，以為這樣可以更快、更有力地解決問題。但這種做法真的解決問題了嗎？

## 民意代表介入的三個常見原因

根據我過去的經驗，家長選擇找民意代表處理學生衝突，往往是出於以下三個原因：

❶ **感到無助**：當家長認為學校未能妥善處理問題時，他們會尋求外部力量的幫助。

❷ **尋求權威干預**：有些家長認為民意代表的介入可以給學校施加壓力，促使學校更快地解決問題。

❸ **希望獲得更多關注**：通過民意代表，家長希望讓問題得到更多人的關注，以便引起更大的重視。

## 民意代表介入的問題

然而，找民意代表介入處理孩子的衝突，會延伸很多問題：

❶ **非正規的處理方式**：一般來說，找民意代表介入被視為一種非正規的處理方式，可能會給人一種利用權勢解決問題的印象，這並

不符合公平公正的原則。

❷ **忽略了教育的本質**：當家長選擇找民意代表介入時，孩子們學到的不是如何解決問題，而是如何尋求外部的權力來解決問題。這樣的做法會讓孩子失去獨立思考和解決問題的能力。

❸ **增加不必要的壓力**：民意代表的介入可能會給學校和老師增加不必要的壓力，影響他們正常的工作和教育計畫，甚至可能導致學校和家長之間關係緊張。

❹ **解決效果有限**：事實上，民意代表介入後，問題最終還是會回到學校來處理。這樣一來，不僅延長了解決問題的時間，還增加了不必要的程序和複雜性。

❺ **資源的浪費**：議員要求學校提交報告，增加了學校、教師的工作量。這不僅是對學校資源、能量的一種浪費、耗損，還可能導致學校、教師無法將精力集中在教學和關愛孩子上，從而影響整體教育水準。當學校的資源和能量被這類事件所消耗時，教師就無法專注於提升教學品質和照顧學生的身心健康，這對所有學生都是一種損失。

## 毛律師建議你

# 正確處理衝突糾紛的方式

### 1. 直接與學校溝通

家長應該先嘗試直接與學校溝通，了解事情的真相，並與老師、校長一起尋求解決方案。學校是最了解學生情況的地方，直接溝通通常是最有效的途徑。

- ❶ **溝通管道**：班導師→學校行政→校長，依序尋求解決。
- ❷ **善用親師座談**：利用親師座談等正式場合表達關切，讓學校了解您的擔憂。
- ❸ **請求具體輔導計畫**：可以要求學校提供針對孩子的具體輔導方案，並定期追蹤進展。

### 2. 尊重專業判斷

學校在處理學生衝突時，有專業的程序和標準。家長應該尊重學校的專業判斷，並相信學校會根據事實公平處理。

### 3. 教導孩子解決問題的能力

家長應該利用這些機會教導孩子如何面對和解決問題，而不是一味地尋求外部力量的介入。這樣孩子才能在未來面對困難時，有足夠的信心和能力去解決，例如：

- ❶ **引導表達情緒**：教導孩子用適當的方式表達憤怒、委屈等情緒。

❷ **練習和解技巧**：與孩子一起練習道歉、接受道歉的方式。

❸ **建立同理心**：引導孩子思考對方的感受和立場。

### 4.尋求合法途徑

如果家長對學校的處理結果不滿，可以通過合法途徑，例如：學生申訴、再申訴或向教育主管機關反映問題(陳情)，而不是依賴民意代表的介入。

❶ **學生申訴管道**：向學校提出申訴，了解學校處理學生事務的申訴程序。

❷ **向教育局陳情**：可向地方教育局（處）提出陳情，通常可透過官方網站的「民意信箱」或「陳情系統」進行。

❸ **教育部、國教署信箱**：對地方教育局（處）處理結果不滿意時，可向教育部提出申訴。

## 依賴民意代表並非最好的解決之道

有些人認為，民意代表在某些特殊情況下可能確實有助於解決問題。例如，當家長和學校之間的溝通完全無法進行，或者家長認為孩子的安全受到嚴重威脅時，民意代表可以作為一個中立的第三方，幫助雙方打破僵局。

然而，這些情況應該是例外，而不是常態。在大多數情況下，民意代表的介入更多是形式上的干預，實質性的解決還是要依靠學校的專業處理。而且，一旦民意代表介入，可能反而使學校與家長的關係更加緊張，

不利於長期的合作與信任建立。

　　整體而言，找民意代表處理孩子的衝突並不是一個最好的方法。這種做法不僅可能帶來一系列的負面影響，還可能讓孩子失去學習解決問題的機會。家長應該先嘗試直接與學校溝通，尊重專業的判斷，並教導孩子如何面對和解決問題。只有這樣，才能真正維護孩子的權益，幫助他們健康成長。

## 毛律師幫你抓重點

**找民意代表處理衝突有什麼問題?**

- 非正規程序,可能破壞公平公正原則。
- 孩子學不到獨立思考和解決問題的能力。
- 讓學校承受不必要壓力。
- 問題還是得回到學校處理,增加程序複雜性。
- 浪費學校資源,影響教學品質。

正確處理途徑 ／ 校園衝突 ／ 不當處理途徑

○ 學校處理　　✗ 民代介入
○ 家長溝通　　✗ 施壓學校
○ 教育輔導　　✗ 資源耗盡

問題解決　　問題惡化

圖 5-4　家長面對衝突,依循正當處理程序,有效維護孩子權益

## 5-5 沒掃完廁所不能回家，這樣教不對嗎？

——————— 教師合法管教界線

國小六年一班的學生正在進行班級清掃，郭老師在一旁監督，她特別重視培養學生責任心。宥儒負責打掃男廁，卻心不在焉，隨意掃了幾下便草草了事。「宥儒，你那邊的狀況怎麼樣？」郭老師走到廁所門口，往裡頭探了探頭。

郭老師檢查時發現地上仍有水漬，馬桶邊也有汙垢，於是嚴肅地說：「掃乾淨，不掃完別想出去。」宥儒不以為然地說：「老師，已經很乾淨了啊，又沒人會仔細看。」郭老師一聽，腳一抬，直接堵住了唯一的出口，並嚴肅地說：「掃乾淨，不掃完別想出去。」宥儒不滿地抱怨：「老師，這樣太過分了吧，不就掃個廁所嗎？有必要這麼嚴格嗎？」

郭老師語氣堅定：「這不是過分，這叫負責。做事要有始有終。」

她要求他把地板和角落的汙垢徹底清理乾淨。宥儒雖然心不甘情不願，但還是回去掃了第二次，但仍敷衍了事，郭老師再度指出問題，毫不妥協地要求他重掃。每當他想結束，郭老師都會檢查並指正未完成的部分，始終站在門口，抬腳擋住唯一的出口。

他一遍又一遍地掃，從第二次、第三次到第五次，心中的不耐和憤怒不斷累積，卻無法反抗。第六次掃完後，他終於忍無可忍，放下掃把，氣憤地對郭老師說：「妳到底要我掃幾次？我要回家了，要掃妳自己掃！」

## 毛律師來解惑

### 管教行為不當，一不小心就可能觸法

郭老師在督導學生宥儒清掃廁所的過程中，以抬腳堵住出口的方式阻止學生離開，並多次要求學生重複清掃。此行為顯然超出了合理的管教範圍，已屬不正當行為，可能違反《兒童及少年福利與權益保障法》第49條第1項第15款之規定，即「其他對兒童及少年為不正當之行為」。

郭老師的行為已使學生身體自由受到限制，且頻繁重複的要求及強制學生為打掃行為，對學生的身心健康可能造成負面影響，超出教育及管

教的合理界限，違反社會相當性。根據《兒童及少年福利與權益保障法》第 97 條之規定，該行為可能面臨六萬元以上六十萬元以下罰鍰及公布姓名之處分。

## 教師管教原則

　　教育的目的不僅是知識的累積，更在於讓學生習得正確的讀書態度與人生價值觀。透過理解及引導，教育應培養學生自尊尊人、自治自律的價值觀及處世態度，導引身心發展，激發個人潛能，培養健全人格。教師在教育過程中，固然可以為達成上述教育目的，對學生施以適當的管教及處罰措施，但體罰、霸凌、誹謗、公然侮辱、恐嚇及身心虐待等行為，損及學生尊嚴及身心健康，均屬違法行為，不應以管教及輔導之名正當化及合理化其行為。

　　《教師法》第 32 條第 1 項第 4 款規定，教師負有輔導、管教學生，並導引其適性發展與培養健全人格之義務。因此，合法的管教權限應基於教師本於引導學生適性發展的教育目的，對學生進行的適當管教行為。

　　教師必須根據對學生身心狀況的了解，在合理範圍內適度、適性地行使管教權，若管教行為損及學生尊嚴及身心健康，無論是否基於教育目的，皆屬不當管教。逾越合法管教權限的行為，導致學生受有身心傷害或痛苦，或使學生的生命、身體、健康陷於危險，均屬對兒童或少年的不正當行為，教師亦不得以任何理由免除其違反《兒童及少年福利與權益保障法》第 49 條第 1 項第 15 款的責任。

## 毛律師建議你

# 正確引導教育，避免陷入不當管教的危機

教師在行使管教權時，需注意方式與分寸，避免因過度嚴厲或不當手段而侵害學生的權益。若教師以過激方式管教，不僅可能影響師生關係，還可能觸及法律底線。因此，教師可以從以下四方面思考如何對學生適當引導、管教，達到適性發展的教育目的。

### 1. 改善師生溝通技巧

教師應透過良好的溝通與理解引導學生，減少高壓式的對抗情境，建立互信，鼓勵學生以自尊和責任心面對自己的行為。

### 2. 尋求多元管教資源

當教師感到無法控制情緒或面對挑戰時，應主動尋求學校後勤支持，如行政人員或家長的協助，以避免衝突升高。

### 3. 自我調適與適時退出

在高衝突情境下，教師可先暫時離開現場，進行自我調適或尋求其他資源支援，避免情緒失控而做出不當行為。

### 4. 參加情緒管理及管教策略培訓

教師應參加相關培訓，以提升面對學生挑戰的應對能力，確保未來能在合法範圍內合理行使管教權，避免類似事件重演。

## 毛律師幫你抓重點

### 教師合法管教界線圖

**教師合法管教界線圖**

可能違反《兒童及少年福利與權益保障法》第49條第1項第15款

**合法管教** ✓

- 以教育目的為出發點
- 考量學生身心狀況
- 合理指導完成未盡事務
- 維護學生自尊與尊嚴
- 善用溝通引導學生
- 遵循比例原則

**合法案例**

- 發現打掃未完成，耐心解釋標準
- 留下學生完成工作但不限制行動
- 引導學生理解責任感的重要性

**可能觸法的管教** ✗

- 限制學生身體自由
- 管教行為過度
- 違反比例原則
- 體罰、霸凌或言語侮辱
- 造成學生身心傷害
- 使用恐嚇或威脅手段

**文章案例 郭老師**

- 堵住出口不讓學生離開
- 要求反覆多次重做同一工作
- 使學生感到挫折與受困

圖 5-5　教師合法管教界線圖

## 5-6 學校要求學生道歉，有沒有違反言論自由？

------ 從性騷擾發言到強制道歉的法律爭議與實務建議

利倫是性格外向的高一學生，喜歡開玩笑，說話也比較直接。一天，利倫與同學任遠和昌毅聊天時，提到一位女同學凱潔的外貌，評價她「前凸後翹」，並開玩笑地表示「真想幹她」。凱潔雖然當時並不在場，但這些話很快在班級內傳開了，凱潔在聽聞後極為不適，感覺受到侵犯。

凱潔認為利倫的言論已經構成性騷擾，於是向學校提出了性騷擾調查申請。學校經過調查，認定利倫的言論對凱潔構成性騷擾。基於這一調查結果，學校決定要求利倫接受八小時的性別平等教育課程，並且在凱潔同意的情況下，利倫應以書面或當面方式向她道歉。

利倫對處理結果感到非常不滿，他認為自己只是開了一個無心的玩笑，並沒有任何惡意，不應該道歉。利倫認為這些言論並不是當著

凱潔的面說的,而是在與任遠和昌毅的私人對話中提及的,這不應該構成性騷擾。此外,利倫認為要求他道歉侵犯了他的表達自由。

利倫決定向法院提起行政訴訟,挑戰學校的處分。他不僅對性騷擾的認定提出質疑,更特別針對強制道歉的要求提出爭議,認為這違反了憲法保障的言論自由和思想自由。

## 毛律師來解惑

法院在審理類似案件時,對性騷擾的認定標準已有相當明確的脈絡。根據《性別平等教育法》第 3 條第 3 款第 2 目之 1,性騷擾指「以明示或暗示之方式,從事不受歡迎且與性或性別有關之言詞或行為,致影響他人之人格尊嚴、學習、或工作之機會或表現者」。法院在判斷是否構成性騷擾時,通常採取「合理被害人」的標準,也就是以被害人所處的背景、關係及環境下,具有一般知識及經驗的自然人,對行為人言詞或行為是否通常有遭受性騷擾的合理感受來認定。

### 法院對性騷擾事件認定

在本案例中,法院特別考量到校園環境的特殊性。如臺北高等行政

法院 112 年度訴字第 62 號判決指出：「校園原即屬相對封閉之環境，一旦言詞經人轉述、流傳，事件當事人即能輕易知悉。」即使性騷擾言論不是直接對受害人說出，但若行為人能夠合理預見這些言論會傳到受害人耳中並造成不適，仍可能被認定為性騷擾。

在本案例中，雖然利倫的言論並非直接對凱潔說出，但其使用帶有明顯性暗示的詞語來描述凱潔，在校園這樣相對封閉的環境中，這些話語極易被傳播，可以預見將傳入凱潔耳中，對凱潔的情感與心理造成影響。法院就可能基於這樣的理由，認定利倫的言行構成對凱潔的性騷擾。

## 強制道歉爭議：不同的司法見解

關於學校要求學生道歉的合法性，目前司法實務存在不同見解，形成了一個有趣的法律爭議。

### 1. 認為強制道歉違憲的見解

臺北高等行政法院在 112 年度訴字第 885 號判決中指出，強制道歉違反憲法保障的思想自由與言論自由原則。該判決參照 111 年 2 月 25 日憲法法庭 111 年憲判字第 2 號判決意旨，認為命令性騷擾加害人向被害人道歉，縱未涉及加害人自我羞辱等損及人性尊嚴之情事，亦與憲法保障思想自由的意旨不符，違反憲法第 11 條保障人民言論自由及第 22 條保障人民思想自由之意旨。

### 2. 認為特定情況下強制道歉合法的見解

然而，臺北高等行政法院在另一則112年度訴字第62號判決中則持不同看法。該判決認為：

❶ 111年憲判字第2號判決主要針對的是法院以判決命侵害他人「名譽」之加害人向被害人「公開道歉」的情形（如：刊登道歉聲明於社群媒體或各大報紙）。

❷ 性騷擾案件與名譽侵害案件涉及的人格法益輕重不同，且若僅要求行為人「以書面或當面方式」向受害學生道歉，未要求公開道歉，私下道歉亦無不可。

❸ 道歉有助於被害人獲得精神上的安慰，感到受尊重，獲得安全感，重建對他人的信任，並能宣示社會共同價值觀，重建雙方及社會的和諧。

❹ 在促進性別平等、消除性別歧視、維護人格尊嚴等性平法立法目的下，命令行為人向被害人道歉具有正當性。

### 毛律師建議你

## 面對不同法律見解的實務建議

在司法實務對強制道歉的合法性尚未形成一致共識的情況下，學校和當事人應如何面對性騷擾事件呢？

### 1. 理解性騷擾的廣泛性

學校可加強性別平等教育，明確指出即使不是當面說出口的言論，只要具有性意味且可能傳播至當事人耳中造成不適，都可能構成性騷擾。強調尊重他人的重要性，避免使用帶有性別歧視或性意味的言論。

### 2. 審慎考量處分措施

當確認性騷擾成立時，學校應謹慎評估處分措施。命令行為人接受性別平等教育課程和心理輔導等較不具爭議性的措施。至於道歉要求，則應考慮是否取得雙方同意（尤其應重視行為人的自願性），或提供修復關係的其他替代方案。

### 3. 修復式正義的推動

學校可以嘗試推動修復式正義會議，由專業人員引導行為人和被害人進行對話，使行為人了解其行為的影響，被害人有機會表達感受，雙方共同討論如何修復關係。這種方式強調自願性而非強制性，較易獲得雙方接受。

### 4. 尊重不同司法見解

學校在處理性騷擾案件時，應了解目前司法實務對強制道歉存在不同見解。若選擇要求道歉，應確保方式合宜（如私下道歉而非公開道歉），並應充分說明其教育意義和修復功能，以強化處分的正當性。

## 毛律師幫你抓重點

### 強制道歉的法律爭議與實務建議

**性騷擾認定標準**
- **「合理被害人」標準**：依一般人在相同情境下的合理感受判斷
- **校園環境特殊性**：封閉環境中言論易傳播，即使非當面言論也可能構成性騷擾
- **可預見性原則**：行為人若能預見言論會對特定對象造成不適，仍可能構成性騷擾

**強制道歉的法律爭議**

| 認為強制道歉違憲 | 認為特定情況下強制道歉合法 |
|---|---|
| ・依據北高行112年度訴字號第885號判決<br>・強制道歉違反言論自由和思想自由<br>・參照北高行111年憲判字第2號判決原則 | ・依據北高行112年度訴字第62號判決<br>・性騷擾與名譽侵害案件性質不同<br>・私下道歉有助修復關係和促進教育 |

**學校處理實務建議**

| 較無爭議的處理方式 | 若要求道歉應注意 |
|---|---|
| ・接受性別平等教育課程<br>・心理輔導<br>・修復式正義會議（自願參與） | ・強調自願性而非強制性<br>・選擇私下方式而非公開方式<br>・著重教育意義而非懲罰性質 |

圖 5-6　強制道歉的法律爭議與實務建議指南

## 5-7 告白被拒絕，就可以惡意攻擊別人？

公然侮辱與誹謗的法律責任

高二的向民向同班的柔資表白後被拒絕。心情受挫的向民開始私下散布關於柔資的惡意謠言，說她「很隨便」，是個「花心的女生」。在一次體育課後，向民當著幾個同學的面叫柔資「婊子」。雖然柔資強忍淚水，但明顯受到了傷害。

之後向民開始在 Instagram 發布暗指柔資的貶低性字詞。雖然沒有直接提及姓名，但大家都知道他指的是誰。柔資的社交帳號因此收到大量惡意留言。某次班級活動中，向民大聲對柔資說：「你這個『HOE』(婊子)，為什麼要來參加？沒人想看到妳這種垃圾。」柔資哭著跑出教室。這次事件引起了老師的注意，向民因此受到老師的口頭警告。

表面上，向民似乎沒有再明目張膽地霸凌柔資。但他開始慫恿其他

同學孤立她,導致柔資在小組活動中經常被排擠。在一次午餐時,向民「不小心」把飲料灑在柔資身上,還諷刺地說:「哦,對不起,我以為『HOE』不會介意弄髒。」

柔資回家後告訴父母她這段時間受到的委屈,父母認為學校的申請調查根本沒有什麼用,最終結果多半就是記過、輔導及再教育。因此決定訴諸司法。

## 毛律師來解惑

### 刑事角度:公然侮辱罪與誹謗罪

　　《中華民國刑法》第 309 條第 1 項的規定:「公然侮辱人者,處拘役或九千元以下罰金。」所謂「公然」,係指不特定多數人或多數人得以共見共聞之狀態。而所謂「侮辱」,凡未指摘或傳述具體事實,以言詞、文字、圖畫或動作,對他人表示不屑、輕蔑、嘲諷、鄙視或攻擊其人格之意思,足以對個人在社會上所保持之人格及地位,在客觀上達到貶損其名譽及尊嚴評價之程度,使他人在精神及心理上有感受到難堪或不快之虞者,即足當之。

　　此外,《中華民國刑法》第 310 條第 1 項規定:「意圖散布於眾,

而指摘或傳述足以毀損他人名譽之事者，為誹謗罪，處一年以下有期徒刑、拘役或一萬五千元以下罰金。散布文字、圖畫犯前項之罪者，處二年以下有期徒刑、拘役或三萬元以下罰金。對於所誹謗之事，能證明其為真實者，不罰。但涉於私德而與公共利益無關者，不在此限。」誹謗罪與公然侮辱罪的關鍵區別在於，誹謗罪必須「指摘或傳述特定具體事實」，如「某人做了什麼不道德的事」；而公然侮辱罪則是一般性的抽象謾罵或不尊重言論，如使用髒話或貶義詞，但未涉及具體事實的陳述。

## 向民行為分析

本案件向民符合以下要件：

### 1. 公然侮辱罪分析

❶ **公然**：向民多次在公開場合侮辱柔資，包括在體育課後當著同學的面叫她「婊子」，並在班級活動中公開稱呼她為「HOE」，屬於多數人得以共見共聞的場所，符合公然的要件。

❷ **侮辱**：向民使用了「婊子」和「HOE」等極具貶義的字眼，這不僅是對柔資人格的攻擊，還可能對她在同儕中的聲譽造成不可挽回的損害。

### 2. 誹謗罪分析

❶ **指摘或傳述具體事實**：向民散布柔資「很隨便」、是個「花心的女生」等言論，這些並非單純的謾罵，而是對柔資品德操守的具

體指控,暗示她在感情或性行為方面有不當行為。

❷ **意圖散布於眾:** 向民「私下散布」這些惡意謠言,以及在 Instagram 發布暗指柔資的貶低性字詞,雖未直接點名但「大家都知道他指的是誰」,顯然有使不特定多數人知悉的意圖。

❸ **足以毀損名譽:** 這些不實言論對於一個高中女學生而言,足以嚴重損害其在同儕、師長心中的形象和社會評價。

因此,向民的行為除了符合《中華民國刑法》第309條「公然侮辱罪」外,同時也構成《中華民國刑法》第310條第2項「散布文字誹謗罪」,應負刑事責任。依照《中華民國刑法》第18條第2項規定,十四歲以上未滿十八歲的犯罪者雖然可以獲得減刑,但仍須承擔相應的法律責任。只是公然侮辱罪及誹謗罪本來就是輕罪,成人間之犯罪多半是判處拘役得易科罰金之刑度。

若是未成年人犯罪,考慮到其年齡和身心發展狀況,少年法院通常會採取較為寬容的處理方式。在類似案件中,法官往往會選擇做出「不付審理」的裁定,藉由告誡或要求行為人接受相關教育措施,以達到教育和矯正的目的,而非單純透過懲罰來結案。這種做法旨在給予未成年人改過自新的機會,同時也避免了司法程序對未成年人造成不必要的負面影響。

## 民事角度:侵權行為責任

根據《民法》第184條的規定,若一個人的行為侵害了他人的權益,並且此行為具備故意或過失,該行為人應承擔賠償責任。《民法》第195

條第1項則規定：「不法侵害他人之身體、健康、名譽、自由、信用、隱私、貞操，或不法侵害其他人格法益而情節重大者，被害人雖非財產上之損害，亦得請求賠償相當之金額。」因此，向民的行為在民事上構成了侵權行為，並需要對柔資進行賠償。

## 向民行為分析

❶ **故意侵害名譽：** 向民不僅多次在公眾場合貶低柔資，還在社群媒體上發布暗指她的貶低性字詞，這些行為是出於故意，並且持續對柔資造成精神上的困擾和損害。

❷ **散布惡意謠言：** 向民散布柔資是「花心」和「很隨便」的謠言，屬於侵害名譽的行為，這不僅影響了柔資的社會評價，也對她的心理健康造成了壓力和傷害。

❸ **精神損害賠償：** 依據《民法》第 195 條第 1 項規定，若名譽受到侵害，受害人可以請求賠償精神損害。在這個案件中，柔資因為向民的侮辱行為和惡意謠言，承受巨大的心理壓力，甚至當眾哭泣，並在學校中被孤立，這些都足以構成精神損害的理由。因此，柔資有權依法請求精神慰撫金。

向民的行為可能構成了刑法上的「公然侮辱罪」、「誹謗罪」以及民事上的侵權責任。柔資及其父母選擇訴諸司法是合理的。在刑事部分，柔資可以在六個月內提起告訴，讓向民承擔刑事責任；在民事部分，她可以在兩年內依照《民法》主張名譽權受侵害，請求精神損害賠償，若向民

未成年，其父母須負擔連帶損害賠償責任。

## 💡 毛律師建議你

校園霸凌和侮辱行為不僅僅是校內問題，受害人有權選擇透過司法途徑維護自己的權益，並使行為人承擔相應的法律責任。為維護個人權益，受害人可以保存相關證據，如聊天記錄、社群媒體貼文、目擊證人等，以便在必要時提供充分證明。同時，學校應加強對學生的法治教育與情緒管理指導，讓學生理解表達情感的正確方式，避免因情緒受挫而做出違法行為。

## 毛律師幫你抓重點

### 校園言語暴力須面臨的刑事與民事責任

**校園言語暴力的法律責任**

**言語暴力**

**刑事責任**

刑事告訴期限：6個月

**公然侮辱罪（第309條）**
- **公然**：多人得共見共聞之狀態
- **侮辱**：抽象謾罵（如「婊子」、「HOE」）
- **罰則**：拘役或9千元以下罰金

**誹謗罪（第310條）**
- 必須指摘具體事實，非抽象評價（如指摘他人劈腿）
- 罰則：1年以下有期徒刑、拘役或罰金

**民事責任**

民事請求權時效：2年

**侵權行為（第184條）**
- 故意或過失侵害他人權利
- 因言論導致名譽受損
- 法定代理人須負連帶賠償責任（未成年人）

**精神損害賠償（第195條）**
- 不法侵害名譽等人格權
- 可請求相當金額的精神慰撫金

圖 5-7　校園言語暴力面臨的刑事與民事責任比較

## 5-8 被同學嘲笑逼到崩潰，我們該如何守護他？

────────────── 及早辨識及預防言語霸凌

陽光明媚的早晨，志偉緩慢地走進校園。對他來說，今天又是充滿挑戰的一天。他低著頭，快速穿過操場，盡量避免與其他同學的視線接觸。雖然志偉早已習慣了走廊裡那些帶有嘲弄的竊竊私語，但每次聽到時心裡仍會隱隱作痛。

一進教室，他便默默地走到最後一排坐下，打開課本，努力沉浸在自己的世界裡。然而，前排很快傳來的刺耳聲音：「哎，你們看，志偉那麼愛讀書，怎麼考試還是這麼差？」俊傑用戲謔的語氣說道，還故意將聲音放大，引來同學的笑聲，有些同學附和著笑了起來。

志偉將臉埋進書裡，假裝沒聽見，但內心的自卑和羞辱感讓他感到窒息。他知道俊傑只是想吸引大家的注意，但這樣的行為讓他痛苦不已。

這種言語攻擊已經持續了好幾個月，俊傑和他的小圈子會在下課時對志偉指指點點，在他經過時用不屑的語氣取笑他「眼鏡仔」。這些帶有貶義的綽號如影隨形，讓志偉對上學的興趣越來越低落。

有一次，俊傑更在班上當眾嘲笑：「志偉，你考試又不及格吧，怎麼那麼笨呢？」這徹底擊垮了志偉的自尊心，他忍不住落淚，尷尬地跑出教室。

之後幾天，志偉頻繁地請病假，他不想再面對那些嘲笑和白眼。父母察覺到異樣，決定找學校的班導師李老師談談。李老師聽完志偉父母的描述後，才意識到事情的嚴重性。

## 毛律師來解惑

言語霸凌的危害往往被低估，但它對受害者的心理健康和日常生活的影響卻是深遠的。

在志偉的案例中，他長期遭受來自同學俊傑的言語戲弄與貶抑，這些行為不僅深深傷害了志偉的自尊，還對他的心理健康造成了嚴重的影響，導致他對學校產生了抵觸心理，甚至頻繁請病假以避免面對這些霸凌行為。

這種情況不僅影響了志偉的學習能力，還可能導致更嚴重的心理問題，如焦慮、抑鬱，甚至自我傷害的傾向。根據《校園霸凌防制準則》第 4 條第 1 項第 4 款的規定，俊傑的行為已經構成了「言語霸凌」（參見 1-5〈我說的是事實，也不行嗎？——從真話演變為誹謗的關鍵〉中有關言語霸凌的說明與討論）。

## 毛律師建議你

## 學校應採取的措施

### 1. 加強預防與輔導

根據《校園霸凌防制準則》第 8 條的規定，學校應該以預防和輔導為原則，積極推動校園霸凌防制工作。這包括加強法治教育、品德教育和人權教育，並且應該規劃相關的在職進修活動，提升教職員對霸凌行為的識別和處理能力。

### 2. 強化校園安全規劃

根據《校園霸凌防制準則》第 11 條的規定，學校應將校園內的危險區域納入校園安全規劃，確保在學校的每個角落都能避免類似霸凌事件的發生。這表示學校需要對那些易發生霸凌的區域進行更嚴密的監控和管理，並制定有效的安全措施來保護學生。

### 3. 提升權利與義務認知

根據《校園霸凌防制準則》第 12 條的規定，學校應加強教職員工和學生對校園霸凌防制的權利、義務和責任的認知。在志偉的案例中，學校的教職員應該更早察覺到這種霸凌行為，並採取必要的措施來保護志偉。這條文強調教職員工在發現學生間的不正常互動時，需要以助人、和諧、友善及相互尊重的原則來處理問題。

### 4. 促進理性溝通與責任感

根據《校園霸凌防制準則》第 13 條的規定，學校應透過日常教學，鼓勵學生理性溝通、積極助人，並培養學生的責任感和同理心。志偉的遭遇顯示班級內缺乏這些素質的氛圍，因此學校應加強這方面的教育，培養學生尊重他人的態度，並教導學生如何正確處理人際關係。

### 5. 提供積極的輔導與協助

根據《校園霸凌防制準則》第 14 條的規定，學校和主管機關應對當事人提供積極的協助和主動輔導。這不僅包括學校內的心理輔導，還應涉及到對受害學生的人際關係和家庭生活進行深入了解和關懷，確保學生能夠得到全方位的支持。

### 6. 正向輔導與管教

根據《校園霸凌防制準則》第 15 條的規定，校長及教職員工應以正向輔導管教方式來啟發學生的正義感、榮譽心、相互幫助、關懷和同理心。這在防止霸凌行為方面具有重要作用。此外，教職員工應主動關懷和

評估學生間的互動情況,尤其要關注那些表現出拒學或有自殺、自傷傾向的學生,確保他們不處於具有敵意的學習環境中。

透過以上《校園霸凌防制準則》規定之措施,學校可以更有效地預防和處理校園霸凌事件,保障每位學生在校園中的安全與尊嚴,達到「友善校園」之目標。

## 毛律師幫你抓重點

### 辨識校園言語霸凌與正確實施防制措施

**校園言語霸凌的辨識與六大防制關鍵**

**言語霸凌的危害表現**
- 學習障礙、拒絕逃避
- 自卑、焦慮、抑鬱
- 社交孤立、被排擠
- 長期心理創傷

**言語霸凌**
持續性嘲笑
辱罵
貶抑

**家長與師長協同**
- 察覺子女異常行為
- 暢通親師溝通管道
- 班級互動保持敏感
- 共同提供支持系統

**《校園霸凌防制準則》六大防制措施**

**1 加強預防與輔導**
加強法治、品德、人權教育、提升辨識能力

**2 強化校園安全規劃**
識別危險區域,加強監控與管理

**3 提升權利與義務認知**
師生理解霸凌防制責任與權利義務

**4 促進理性溝通與責任**
培養同理心與尊重態度,正確處理關係

**5 提供積極的輔導與協助**
建立個案管理與追蹤機制

**6 正向輔導與管教**
教導尊重與包容的溝通方式

圖 5-8　校園言語霸凌之辨識與防制措施建議

CHAPTER

# 6

## 陪孩子走過校園衝突：家長與老師的行動指南

## 6-1 你不是說只是小事嗎？怎麼變成霸凌？

──── 教師處理校園案件的挑戰及與家長期待的落差

宮主任是清林高中的學務主任，多年來深受學生和家長的信賴。某天，學校接到一起校園霸凌的檢舉案件——學生世均聲稱遭到同班同學昌明的言語霸凌。宮主任得知後，立即介入，並安撫雙方家長：「別擔心，這種小事我們很快就能解決，不會讓事情擴大。」然後，宮主任善意表示：「如果你們工作很忙，不必特地請假來學校參加會議，我們會妥善處理，這只是一件小事，應該不會有太大的影響。」

隨著調查展開，處理小組發現昌明確實多次以侮辱性的言語攻擊世均，儘管情節並不嚴重，但已符合霸凌的法律定義。處理小組最終認定霸凌案件成立，學校對昌明做出警告處分，並通知雙方家長。

當昌明的父母得知處分結果後，極度不滿。昌明爸爸憤怒的質問宮

主任：「你當初不是說這只是小事嗎？怎麼變成霸凌？是不是因為我們沒去學校幫他講話，才讓處理小組認為他有錯？」昌明媽媽激動補充：「他還只是個小孩，當然不知道怎麼回答那些老師的問題啊！結果竟然就變成他的錯，這對我們不公平！我的孩子被你們貼上標籤了！」

宮主任一時語塞。她原以為自己能透過表達同理心和安撫減輕家長的焦慮，卻沒料到自己善意的言詞不僅讓家長對調查結果失望，甚至懷疑學校的處理過程不公。宮主任深刻反思，自己輕率的承諾和安慰，無意中給當事人帶來誤解。她想要讓雙方平和應對問題，卻忽略了自己的言語可能會影響家長對案件的期望與判斷，結果讓整件事變得更加複雜、棘手。

## 毛律師來解惑

### 第一線教育工作者的兩難

在處理校園事件的過程中，學校的行政人員與導師往往站在第一線，面對當事人的情緒反應、家長的焦慮與關切，以及繁瑣而複雜的調查程序，承受著極大的壓力。他們多半懷抱著想協助解決問題的善意，但在處

理時可能因為無意間的某些言語或行動，反而讓事情變得更加複雜，甚至讓當事人感受到更深的困擾。

## 溝通方式的影響

在某些情境中，當事人承受的最大壓力，並不來自對方，而是調查過程中其他人員的溝通方式。舉例來說，如果處理小組委員在調查時語氣過於嚴厲，可能無意間加深了當事人的情緒創傷。而導師或行政人員若在交談中說了不當的話，或憑個人經驗認定案件不會成立，但最終結果卻相反時，當事人及其家長往往會將憤怒情緒轉向學校。「你之前不是說不會成立嗎？」這樣的質疑常常引發進一步的衝突，甚至導致當事人及其家長要求上級單位進一步調查學校的處理是否有失公允。

### 毛律師建議你

## 我們如何能做得更好？

作為導師或行政人員，在這類情況下扮演著至關重要的角色，既要展現專業，也要保持同理心。以下是六個建議：

### 1. 保持敏感度

❶ **謹慎選擇用詞**：避免使用可能引起爭議或傷害的言語，尤其是在處理敏感情況時，用詞應該溫和且具包容性。善意表達固然

重要，但面對敏感案件更需謹慎，像「這只是小事」這樣的說法，可能無意中削弱案件的嚴肅性，甚至讓當事人誤解為學校輕視他們的經歷。即使案件情況不嚴重，也應該用謹慎且具體的方式說明案件進展，讓家長清楚了解學校正依程序妥善處理。

❷ **注意非語言溝通**：表情和肢體語言同樣重要，保持專業且富有同理心的姿態，讓當事人感受到你的理解與支持。

## 2. 遵守保密原則

❶ **嚴格遵守保密規範**：避免在非正式場合討論案件細節，這不僅是保護當事人的隱私，也能維護案件的公正性。

❷ **適當回應學生或家長的詢問**：當被問及案件時，可以說「為了保護所有相關人員的隱私，我們無法討論具體細節」，表達重視，也能維持專業形象。

## 3. 保持中立，尊重當事人的選擇

❶ 案例中的宮主任一開始試圖以善意安撫家長，但卻在無意中給家長傳遞了錯誤的信息，讓他們對案件的結果產生了錯誤的期待。當這些期待未能實現時，家長自然會將失望轉嫁到學校和老師身上。因此，在溝通中應保持謹慎，避免給出明確的結論或過於自信的判斷。案件的成立與否是由處理小組委員來判斷的。應避免給予過度主觀的建議，當家長問「案件會成立嗎？」時，可以謹慎地回答：「這需要處理小組委員來判斷，我們也無法確定。」

❷ 若家長詢問是否應該出席，讓家長知道他們有權自主決定，而我們不應替他們做出選擇。

### 4. 謹慎回應調查進度

案件進入調查程序後，可能讓人感到無所適從，但這時候更需要耐心與同理心。與其說「案件進入調查了，我也無法插手」，不如解釋：「案件已進入正式程序，學校會依相關規定與程序處理。如有需要，我們會適時與您聯繫，請您耐心等待處理結果。」

### 5. 維持支持性角色

❶ 在整個過程中，我們應記住自己的角色是支持者，而不是決策者。避免過度涉入或作出超出職責範圍的承諾，保持專業的距離感，不僅保護自己，也能防止當事人對我們產生不必要的期待。不要讓善意變成干涉，避免讓當事人誤以為我們能「幫他解決」全部問題。善意若超出界線，可能變成「公親變事主」，反而帶來更大的壓力與責任。

❷ 過度承諾會讓家長認為學校可以輕鬆解決所有問題，往往會讓家長依賴於學校的處理，而忽略了他們本身在事件中的責任。

### 6. 提供資源與支持

❶ **了解可用的資源：** 熟悉校內外可以使用的支持資源，例如：心理諮商等服務。

❷ **主動提供信息：** 主動讓當事人知曉這些資源的存在，但不要強

迫他們使用，尊重他們的選擇。

老師和行政人員的初心是幫助每一位學生，這份熱忱無需懷疑。但同時，我們也需要時刻提醒自己保持中立與專業，讓每個行動和言語都能成為對當事人的支持，而不是無意的壓力。這樣不僅能保護我們自己，也能真正幫助當事人走過這段艱難的過程。以同理心陪伴每一個案件的當事人，協助他們順利度過挑戰，並共同維護教育現場的溫暖與公正。

## 毛律師幫你抓重點

### 教育工作者處理校園霸凌案件的溝通指引

| 情境／常見語句 | 容易引發誤解的說法 | 建議使用的專業說法 | 說明與目的 |
| --- | --- | --- | --- |
| 案件剛發生，雙方情緒不穩時 | 「這只是小事，不用太擔心。」 | 「我們會依程序公正處理，並陪伴您一起了解整體狀況。」 | 避免讓人覺得學校輕忽事件，建立信任與安心感。 |
| 家長詢問是否需要親自到校 | 「你們不用來啦，我們處理就好。」 | 「這場會議會討論您孩子的狀況，若您能到場將更有幫助。」 | 尊重家長參與權，避免日後因未參與而產生誤解或質疑。 |
| 調查進行中，雙方家長詢問進度或結果 | 「我也不知道，等結果出來吧。」 | 「目前進入調查階段，需由處理小組依證據認定，我們會適時更新狀況。」 | 保持資訊透明但不逾越調查中立性。 |
| 家長質疑調查結果，情緒激動 | 「我也覺得這樣不太合理，但我不能做什麼。」 | 「我理解您的感受，我們可協助釐清程序與權益，也會轉達您的意見。」 | 展現同理心，並強化協助者角色，避免陷入對立或失去信任。 |
| 學生詢問結果或是否會處分對方 | 「你放心，我會幫你爭取／幫你出氣。」 | 「我會陪你一起釐清事實，後續會由處理小組根據資料做決定。」 | 保持中立與尊重制度，避免誤導或造成更大心理負擔。 |
| 雙方都需要支持資源時 | 「這件事應該快處理完了，應該不需要找輔導老師吧？」 | 「若您需要，我們可以協助安排輔導資源，是否需要我幫忙聯繫？」 | 主動提供選擇但尊重個人意願，避免壓迫感與貼標籤疑慮。 |

圖 6-1　教育工作者處理校園霸凌案件的溝通指引圖表

## 6-2 小孩早已和好了，大人卻還放不下恩怨？

———— 衝突落幕後，家長與教師的放手與修復之道

---

承恩和書賢是國小同班同學，也是形影不離的好朋友。每當書賢帶了新玩具或新奇的東西到學校，承恩總會開心地說：「借我玩一下嘛，我們是好朋友耶！」承恩一直覺得，朋友之間互相分享是理所當然的。

書賢總是默默點頭答應，但心裡卻越來越不舒服。不是因為不想分享，而是他擔心若拒絕了承恩，對方會生氣或不理他。這種擔心在他們一起玩線上遊戲時更明顯。有時承恩會向他要遊戲中寶物道具，書賢雖不願意，卻始終說不出口。終於有一天，下課後，書賢終於鼓起勇氣對承恩說：「其實有時候，我真的不太想把東西借你⋯⋯但我又怕你會生氣，所以我就沒說。」

承恩聽後愣住了，臉色一沉，立刻跑回教室，心裡滿是委屈與憤怒。

他完全沒想到自己會讓朋友有這種感受。他心想：「我又沒怎樣，我們在當朋友啊，怎麼就變成我的錯？」他覺得書賢不夠朋友，居然還在背後講他的壞話，忍不住跟其他同學抱怨起來：「書賢太小氣了！」承恩氣憤地說：「我只是借一下他的東西，他居然說我欺負他，這哪有道理？」

同學們聽後議論紛紛，事情很快在班上傳開，大家開始分成不同立場。班導陳老師察覺到班上不太對勁，於是找了承恩與書賢個別談話。承恩委屈地說：「我真的沒有想要欺負他，我只是覺得朋友就應該互相分享啊！他這樣講我，真的讓我很受傷。」

接著，書賢則低著頭，小聲說：「我不是不想跟承恩當好朋友，只是有時候壓力很大，怕他會因為被拒絕而不開心……但我也不想每次都勉強自己。」

陳老師聽後溫柔地說：「你們都沒錯。承恩想和朋友一起分享，出發點是好意，但書賢的感受也很真實，有時候分享太多會有壓力。友誼應該是互相理解與尊重。」

承恩沉默了一下後說：「可是我真的沒有想欺負他……」陳老師拍拍他的肩膀說：「我相信你不是故意的。也許下次你在請朋友分享

前先問問對方的想法,讓彼此都舒服,這樣會更好喔。」

此時承恩的心情漸漸平靜下來,向書賢說:「對不起,我以後會先問你,不會再讓你不舒服了。」

書賢也點點頭,眼裡閃過一點愧疚:「我也有錯,我應該早點跟你說真話。其實我還是很想跟你做朋友。」兩人握手言和,友誼恢復如初,還學會尊重彼此的感受。

當晚,書賢把這件事告訴媽媽,沒想到書賢媽媽聽完後氣炸了,認為自己的孩子被「霸凌」,要求學校徹查並懲處承恩。學校依規定啟動調查,但調查結果顯示承恩與書賢之間的誤會早已化解,並和好如初。儘管老師們多次向書賢媽媽說明,但書賢媽媽仍不相信調查結果,認為學校在推卸責任,沒有真正「保護受害者」,甚至質疑老師偏袒施暴者。

更令人意想不到的是,書賢為了不讓媽媽擔心,開始在她面前假裝自己還是很害怕承恩。每次媽媽問起時,他就會演出一臉驚慌的樣子。這讓書賢的媽媽更加堅信兒子受了傷害,於是進一步要求學校懲處承恩。

## 毛律師來解惑

孩子與家長眼中的「真相」,為什麼這麼不一樣?

我常在校園調查遇到這類情況:「孩子在老師與家長面前,呈現完全不同的樣子。」在沒有家長在場的情況下,孩子反而更容易坦率表達真實感受。在這個案例中,書賢就是典型例子。他面對媽媽時,選擇隱藏情緒,只因為他不想讓媽媽擔心。然而這樣的選擇,卻讓事情變得更加複雜。

書賢在友情中承受壓力,回家後還得扮演「受害者」,以安撫媽媽的情緒。孩子為了符合大人期待,往往會隱瞞事實、扭曲真相,這樣的偽裝其實對他們來說是非常辛苦的。

## 毛律師建議你

### 當孩子捲入衝突,家長可以這樣做

老師與家長,是孩子成長路上的合作夥伴,不是誰來對抗誰,也不是誰該站在哪一邊。在處理類似衝突事件時,請老師及家長記住以下八點:

**教師角色與行動**

❶ 保持中立立場:不要急於判斷誰對誰錯。
❷ 引導正向溝通:協助學生表達與理解彼此。
❸ 觀察學生互動:在日常中察覺情緒變化。
❹ 適時介入輔導:提供第三方引導資源。

**家長角色與行動**

❶ **理性看待衝突**：不要只聽單方面說法。
❷ **信任專業判斷**：相信學校處理機制與教育專業。
❸ **關注孩子感受**：同理情緒，但不陷入情緒。
❹ **避免過度介入**：有時候孩子之間的小爭執，不妨給一點空間與時間，他們更容易從中學會成長。

## 別讓家長的情緒，困住孩子的和解

有時候，孩子們早就放下了，但家長卻還深陷在情緒裡。與其急著為孩子討公道，不如試著多傾聽、多理解，多給孩子一些空間，讓他們能勇敢表達自己的真實想法。唯有如此，我們才能真正陪孩子走過衝突，學會理解、同理與修復，這些，比單純的對錯更重要。

## 毛律師幫你抓重點

**孩子之間的衝突，往往早就和好了**

- 家長看到的，不一定是孩子的「真實」。
- 孩子之間的摩擦，很多時候是一場學習相處與表達的練習。
- 家長應多觀察、聆聽，不急著下判斷，才能真正幫助孩子。

**教師角色與行動**
- 保持中立立場
- 引導正向溝通
- 觀察學生互動
- 適時介入輔導

**家長角色與行動**
- 理性看待衝突
- 信任專業判斷
- 關注孩子感受
- 避免過度介入

圖 6-2　教師與家長的角色與行動指南

# 6-3 性平通報來了，怎麼可能是我的孩子？

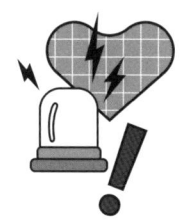

―――――― 家長與老師面對性平事件的溝通與協調

「怎麼可以沒問我們就通報？你們學校是什麼意思？」

林老師一早接到小偉媽媽的來電，電話那頭情緒激動、語氣幾乎是質問。原來，昨天班上兩位學生在走廊上拉扯，女同學哭著回到教室說小偉摸她的腰，讓她很不舒服。林老師將情況回報學務處，學校依法進行性平通報。

隔天，當小偉媽媽從學校簡訊中得知「已進行性平通報程序」時，情緒瞬間失控：「你們這樣是在汙衊我的小孩！怎麼可以還沒跟家長講清楚、也沒問清楚事情就通報了？你們這樣亂通報，我一定要找民代投訴，也要找律師告你們亂搞！」她聲音越來越大，完全無法接受眼前的事實。

> 此時的林老師感到委屈與無力，心裡想著：「我們是依法處理啊，怎麼會變成學校做錯了？」

## 毛律師來解惑

當家長收到「學校已通報性平事件」訊息時，腦中可能閃過一連串疑問與不安：「是我孩子嗎？」、「他怎麼可能做出這種事？」、「是不是搞錯了？」這些反應我們完全能理解。每位父母都希望孩子平安、被公平看待，這份心情，我們感同身受。但在情緒翻湧之際，我想先分享一個重要的觀念：

「性平通報」不是指控，也不是懲罰，而是一種責任與保護的啟動，像是一記溫柔的鈴聲，提醒大人們：「這裡發生了某件需要我們一起關心與釐清的事。」很多時候，孩子並非「有意做壞事」，而是對身體界線、互動語言或情感表達尚未建立正確的理解。這些都是可以學習的，也正是學校依法通報、啟動後續機制的核心目的——不是為了定罪，而是為了教育與支持。

## 通報程序三大重點，家長請放心

### 1. 依法通報，是老師的責任

依《性別平等教育法》，當學校知悉疑似校園性別事件時，必須在

二十四小時內完成通報。這是法律的要求，目的是讓事情能被即時了解與妥善處理，確保所有孩子的安全與權益，而非對任何一方下判斷。

### 2.通報≠調查，是否進入調查有條件

家長最常誤會的一點：「是不是通報了，就代表我孩子要被調查或懲處了？」答案：「不是。」通報只是起點，是否啟動調查，須符合下列情況之一：

❶ 有人正式申請或檢舉調查；

❷ 案件屬於「公益案件」（例如：師對生）。

如果沒有人提出申請、檢舉，也不屬公益案件，案件就不會自動進入調查程序。

### 3.調查程序注重公平、保密與尊重

若進入調查，學校將組成調查小組，原則上兩個月內完成調查（必要時可延長至四個月），並會：

❶ 約談相關人員，了解事情全貌；

❷ 傾聽各方說法，確保程序中立與尊重；

❸ 審慎檢視每一項事證；

❹ 保護雙方的隱私與基本權益。

無論結果如何，我們的共同目標是：讓每位孩子在真相中獲得理解，在困境中獲得溫柔的陪伴與支持。

## 毛律師建議你

以下四點提供家長與老師溝通與協調性平事件：

### 1. 先冷靜，再詢問

當你聽到「通報」兩個字，情緒難免震盪。但請記得：通報不是針對孩子，更不是定罪。可以先向學校了解「發生什麼事了？」再做進一步行動。

### 2. 避免當場質問孩子「你到底做了什麼？」

這樣可能讓孩子因恐懼或羞愧而封閉自己。建議改問：「學校提到一件事情，我們可以聊聊嗎？」這樣有助於孩子敞開心胸，也讓你更貼近真相。

### 3. 學習「雙向同理」：支持孩子，也尊重程序

你可以同理孩子的委屈與困惑，但也要相信程序的設計初衷是保障每一方的權益。透過合法、公平的處理過程，才能真正保護你在乎的孩子。

### 4. 與學校、老師對話，請聚焦「現在怎麼做」

若對通報感到不安，可向老師或承辦人員反映感受，但避免情緒性批評，例如「你這樣是在毀了我孩子！」不妨這樣問：「後續會怎麼進行？我可以怎麼協助孩子？」這會讓雙方更容易合作。

## 毛律師幫你抓重點

**1　依法通報，及早關心孩子**

- 通報程序旨在及早發現問題，提供適時協助，保障每個孩子在安全友善的環境中學習，並非針對或懲罰孩子。

**2　家長及老師對性平事件通報的常見疑問**

| 常見疑問 | 誤解 | 正確認知 |
| --- | --- | --- |
| 性平通報是什麼？ | 這在指控我的孩子 | 是學校依法啟動保護機制，並非指控或懲處 |
| 通報就會調查？ | 一定會進入調查 | 需有「正式申請、檢舉」或屬「公益案件」才會進入調查 |
| 調查程序會曝光孩子？ | 大家都知道我的孩子做了什麼 | 調查中會嚴格保密，保護雙方隱私 |
| 家長角色是什麼？ | 全盤否認才是保護孩子 | 支持孩子、理解程序，協助釐清事實，才是真正的保護 |
| 如何面對學校？ | 質疑學校、責備老師 | 冷靜對話、了解程序，尋求合作解決 |

圖 6-3　性平事件通報的常見疑問整理

## 6-4 當孩子在校發生衝突，我們能做些什麼？

-------- 家長第一時間的心態調整與行動建議

「您好，曉華媽媽嗎？這邊是學校輔導室王主任，關於您兒子曉華，我們有些事情需要與您討論……」

「曉華踢了敏鈺頭部多次，導致敏鈺頭部受傷！」這則消息在班級家長群組中迅速傳開，引發一片譁然。

事情發生在放學時段。根據敏鈺的說法，她和幾位女同學經過穿堂時，看到幾位男同學情緒低落，便說了句「別再討拍了！分數低又不會少一塊肉！」。雖然她強調這句話不是針對曉華，但曉華認為自己被嘲笑，拿叉子追趕敏鈺。衝突從一樓一路延續到三樓，最終曉華將敏鈺拉倒在地，並多次踢踹其頭部和身體，直到同學將他們分開。

「我只是隨口說說,沒有針對他!」敏鈺委屈地說。

「她們一直嘲笑我們的成績,明明就是在針對我們!」曉華則堅持道。

隔天敏鈺請假就醫,診斷結果顯示有輕微腦震盪和上臂挫傷。敏鈺父母震怒,要求學校嚴懲曉華,並提出校園霸凌檢舉。而曉華父母則表示,孩子之間的互動複雜,並非單一事件可以解釋,且曉華過去也曾被敏鈺言語刺激。

當學校啟動調查後,多位同學表示,兩人平時關係「時好時壞,衝突時會有言語或肢體攻擊」,有同學表示,敏鈺說「別再討拍了!分數低又不會少一塊肉!」時,確實帶著笑容,讓男生們感覺被嘲笑。也有同學證實,在衝突過程中,敏鈺不只是被攻擊的一方,她也曾回擊曉華。

導師觀察到,兩人的互動模式長期以來就存在問題:曉華情緒易衝動;而敏鈺言語中帶有刺激性,溝通方式有時會引起誤解,這些因素共同導致了這次事件。

## 毛律師來解惑

在處理校園衝突事件時，我經常聽到家長說：「我的孩子絕對是無辜的，是對方先挑釁／先動手的！」但我想請大家思考：在孩子的成長過程中，事情真的總是非黑即白嗎？

每件事總有一體兩面，甚至更多面。當我們只聽到孩子的單方面陳述，難免會陷入「我的孩子是受害者」的思維。但現實往往比我們想像的更複雜，衝突發生前，可能已經累積許多小摩擦。彼此可能都存有誤解，都覺得自己才是被欺負的那一個。表面上的衝突推擠打鬧，背後也許藏著更深層的人際問題。

就像上述案例中，曉華的暴力行為固然不當，需要被嚴肅對待；但敏鈺的言語行為是否恰當，以及雙方之前的互動模式，同樣需要被納入考量。單一事件常常只是長期累積的爆發點，而非全部故事。

## 「誠意」是什麼？

處理校園衝突時，常聽到有人抱怨：「對方根本沒有誠意！」這句話像是一道隱形的牆，讓溝通瞬間中斷。然而，我們不妨思考：什麼是「誠意」？是下跪道歉？是寫千字悔過書？還是金錢賠償？真正的誠意，其實很簡單──它來自於坦誠面對問題的態度，包含三個基本元素：

❶ 坦承自己的過錯或行為；
❷ 理解並尊重對方的感受；
❸ 願意真心道歉並改變行為。

「現在才要談，太遲了吧？」許多人會這樣想。但從我處理過無數衝突案例的經驗來看，只要雙方願意坐下來談，就永遠不嫌晚。願意對話，本身就是誠意的表現，代表對方已經準備好面對問題。

## 毛律師建議你

當孩子在校發生衝突，我們能做些什麼？校園衝突跟社會衝突一樣是不可避免的，但家長的處理方式，卻能讓這些衝突成為孩子最寶貴的人生借鏡。以下提供六個處理方式提醒。

### 1. 收到學校通知，請家長先穩住情緒

當學校通知孩子涉及不當行為時，許多家長的第一反應可能是：「我家孩子不可能這樣！」、「這也太小題大作了吧？」、「會不會有什麼誤會？」、「是對方太誇張了吧？」但是，這不是誰對誰錯的辯論場。

也許可以這樣回應：「謝謝學校／老師通知，我會先了解情況。」、「請告訴我事情的來龍去脈，我會和孩子好好談談。」當家長願意冷靜應對，就是給孩子最好的榜樣與支持。

### 2. 了解何種行為可能被認定為不當行為

孩子口中的「只是玩一下」，其實可能已造成他人不舒服甚至受傷。無論出發點是模仿、好玩、融入團體，若造成對方不舒服，就可能構成偏差行為、性騷擾、性霸凌或校園霸凌。

我們可以幫助孩子理解：「換位思考，如果別人這樣對你，你會有什麼感覺？」、「如果你的家人被同學這樣對待，你會怎麼想？」、「我們每個人的身體和尊嚴，都應該受到尊重，對嗎？」這些對話，不只是糾正一件事，更是幫孩子建立尊重他人的觀念。

### 3. 當孩子否認時：理解與引導的平衡

雖然孩子可能因為害怕責備或處罰、不理解自己行為的嚴重性，或認為「只是開玩笑」、「大家都這樣」而否認行為。然而面對孩子的否認或辯解，我們需要平衡信任與引導。選擇相信孩子，是出於家長的愛，但協助他們面對真相，才是真正幫助他們。

其實，家長可以與孩子溝通：「我想了解事情的經過，這不是為了責備你。」、「我們一起想想當時發生了什麼，以及可能的影響。」了解是改變的起點，不急著為孩子辯護或指責，而是陪伴他們認識事實。

### 4. 教育從這裡開始：陪孩子面對、承擔、改變

面對孩子的不當行為，我們的任務是引導他們學習與成長，提供參考建議做法如下：

❶ **幫助孩子區分動機與行為**：即使無心，造成的影響仍然存在；
❷ **鼓勵適當的道歉**：這是尊重他人感受的表現；
❸ **提供支持與引導**：一起思考如何避免類似情況再發生。

學校的調查與處理程序，目的在於教育與輔導，而非單純懲罰。這是孩子學習判斷與承擔責任的機會。我們需要告訴孩子：「錯的不是你這個

人,而是你當時的行為。」、「我們一起想想,下次可以怎麼做得更好。」、「需要面對時,我會陪在你身邊。」願意承擔,是一種負責,也是一種勇敢。這是一次教育機會,一次教他尊重界線、理解他人感受的重要時刻。

## 5. 孩子的錯誤不代表父母的失敗

當孩子被認定行為不當,許多家長會自責:「是不是我教育出了問題?」、「我是不是失職的父母?」請放下這些自責。每個孩子都在成長過程中學習與嘗試,犯錯是這個過程的一部分。孩子真正需要的,是知道即使犯了錯,父母仍然愛他們,並願意引導他們:「我會陪你面對,一起學習成為更好的人。」、「教育是一場長期的陪伴與引導,每一次的錯誤都可以成為成長的機會。」

## 6. 當孩子確實被誤解時的處理方式

有時候,孩子的否認並非逃避責任,而是確實被誤解或冤枉。在這種情況下你可以:

❶ **冷靜收集事實**:請孩子詳細描述事發經過,包括時間、地點和在場人員,並詢問是否有其他同學可以證明孩子當時的行為或所在位置,同時,查看是否有相關的證據或監視錄影可以釐清真相。

❷ **適當表達立場**:與學校溝通時保持理性,提出疑點及合理質疑,並表達對真相的尊重及對公正處理的期待。另外,避免直接指責學校或對方,而是聚焦在事實本身。

❸ **支持並引導孩子**:告訴孩子:「我相信你,我們會一起找出真相。」教導孩子即使被誤會,也要保持尊重的態度,並幫助孩子理解有

時誤會是因為不同角度的觀察或理解差異造成的。

❹ **教導適當自保**：在日常生活中教導孩子如何避免誤會，鼓勵孩子在發生衝突時立即尋求師長協助。即使是被誤解的情況，也是教育的機會。幫助孩子學習如何在維護自己權益的同時，仍保持尊重與理性。

我們的目標不只是為孩子「平反」，更是教導他們在人際關係中面對衝突的智慧。

| 步驟 | 給家長的提醒 | 陪伴方式 |
| --- | --- | --- |
| 1 | 先穩住情緒 | 不責備、不辯護，表達願意了解事實 |
| 2 | 區分玩笑與傷害 | 引導孩子理解對方的感受與界線 |
| 3 | 不照單全收 | 鼓勵敘述，用提問引導孩子說出真相 |
| 4 | 教孩子負責 | 陪同面對、道歉，建立責任意識 |
| 5 | 接納錯誤 | 明確傳達「爸媽會陪你，但不逃避」 |
| 6 | 若被誤會 | 釐清事實，冷靜溝通，不情緒抗爭 |

圖 6-4-1　孩子捲入不當行為？家長這樣陪伴六步驟

## 毛律師幫你抓重點

### 孩子在校發生衝突處理流程

**當孩子在校發生衝突的處理流程**

**接獲學校通知**

**穩定情緒再行動**
深呼吸「謝謝通知,我會了解情況」

**聆聽多元視角**
了解完整脈絡,避免單一視角判斷

**分析與對話**

**理解誠意的真諦**
- 坦承事實 ・ 理解感受
- 真心改變

**平衡支持與教育**
- 不全盤指責,不盲目辯護
- 理解事實

**保持親師合作態度**
共同目標是幫孩子學習與成長

**衝突是教育契機,培養孩子解決問題能力**
每次衝突都是學習理解他人、承擔責任的機會

圖 6-4-2　當孩子在校發生衝突處理流程

## 6-5 難道要等到我的孩子被打死了,才算是霸凌嗎?

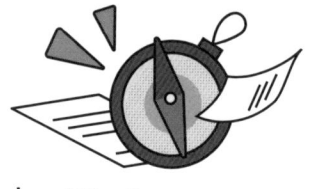

──── 理解「偶發事件」與「霸凌」的界線與應對

一個晴朗的下午,國小五年級的震東正在操場上和幾個朋友一起踢足球。玩得興致高昂時,六年級的大強和他的四個朋友走過來,要求加入遊戲。震東考慮到場地有限,便禮貌地表示這場遊戲已經開始,不方便再加入新的人。

大強聽後非常不滿,覺得自己被故意排擠,便開始對震東和他的朋友們言語挑釁,稱他們為「膽小鬼」、「小屁孩」。震東試圖解釋,但大強和朋友們變本加厲,開始推擠他們。過程中,大強的朋友平陽突然踢了震東一腳,震東被踢倒在地,手臂和膝蓋擦傷流血。其他學生見狀立刻跑去告訴老師。老師到場後立即制止衝突,並帶他到保健室治療。

學校隨即通知雙方家長,震東的家長非常生氣,要求學校好好處

理，學校啟動《校園霸凌防制準則》處理程序，立即組成三人處理小組，其中至少兩名委員來自校外的專家。處理小組先進行調和，但雙方家長未能達成共識，因此進入了正式調查程序。

調查後，處理小組認為這次事件雖然嚴重，但並不構成霸凌，因為這是一場偶發性的衝突，而非持續性的欺凌行為。學校解釋，根據《校園霸凌防制準則》的定義，霸凌必須具備持續性。震東的家長對結果非常不滿，情緒激動地說：「難道非要等到我孩子被打死了，這才算霸凌嗎？」

## 毛律師來解惑

### 衝突 vs. 霸凌：不能只看嚴重性，而要看法律構成要件

當孩子受傷，家長心痛、憤怒是可以理解的，但從法律與教育的角度來看，「霸凌」不是單靠事件的嚴重程度來認定，而需符合特定的構成要件。根據《校園霸凌防制準則》第 4 條第 1 項第 4 款規定，霸凌需具備「持續性」。也就是說，一次性的衝突，即使結果再嚴重，也不符合霸凌的法律定義。回到本案例，雖然震東受傷讓人心疼，但調查結果顯示這是一次衝突升溫後的偶發性傷害，平陽與震東間並無長期互動或敵意，

過往也沒有類似紀錄。這樣的情形，依法只能認定不構成霸凌。

## 💡 毛律師建議你

家長常以為「不是霸凌」就代表學校可以不處理或者不重視，這其實是很大的誤解。事實上，即使該事件不符合「霸凌」的定義，學校仍會啟動適當的處理與教育作為。

### 霸凌不成立，不等於「沒事」或「不處理」

根據《校園霸凌防制準則》第 71 條：「相同或不同學校學生於校園內、外，個人或集體故意傷害他人之身體或健康者，學校應準用本準則檢舉、審查、調和、調查及處理相關規定辦理。」但這並不代表每起故意傷害事件都會走到「正式程序」。

實務上，學校的處理方式會根據事件的性質與後續是否有人提出檢舉而有所不同：

❶ 若未有正式檢舉，學校仍會通知家長、進行行為教育、提供輔導資源，並依學校訂定教師輔導與管教學生辦法注意事項處理事件；

❷ 若有學生或家長提出正式檢舉，且案件性質符合法定條件，學校則會啟動正式程序，包括召開會議、調和、調查、做出處置與後續追蹤。

簡單來說，即使不構成霸凌，也不等於「沒事」或者「不處理」。只

是處理的方式、程序，會依是否有提出檢舉及事件的嚴重性而有所不同。

## 💡 毛律師建議你

### 家長的角色：支持孩子，也理解制度

孩子受傷，家長當然心疼。但我們更需要的是冷靜思考與理性行動：

❶ **理解制度**：「不是霸凌」並不代表事情被輕忽，而是「依法處理」下的認定不同。

❷ **合作處理**：與學校充分溝通，爭取合理協助，相信學校會依法處理、不會偏袒或迴避。

❸ **陪伴孩子復原**：情緒支持比追究責任更為重要，讓孩子從經驗中學習保護自己，而不以暴制暴。

## 毛律師幫你抓重點

**1　暴力事件的嚴重程度 ≠ 霸凌認定**

- 霸凌需具備持續性,而單次偶發的肢體衝突,無論多嚴重,都不符合霸凌的定義。

**2　「偶發性衝突」與「霸凌」判斷流程**

校園暴力

持續性？

有 → ・可能構成霸凌　・霸凌處理程序

無 → ・偶發性衝突　・準用霸凌處理程序

圖 6-5　霸凌與偶發性衝突之判斷流程

## 6-6 我的孩子怎麼可能是霸凌者？

——— 從否認到接納的陪伴歷程與行動建議

---

三十五歲的職業婦女怡玲，有一個就讀國中的兒子小偉。一天，她下班回到家，打開信箱發現一封來學校的信。拆開發現是霸凌事件調查結果通知。信中寫道：「經過調查，學校認定小偉對班上一名同學的行為，霸凌成立，記警告一支。」

看著信，怡玲先是震驚，隨即怒火中燒，猛地把信摔在桌上：「這根本胡說八道！」她完全無法相信學校會得出這樣的結論。因為，幾週前小偉班導師還跟她說：「那個孩子有些問題，小偉這些行為，大家都能理解，不會是霸凌的。妳不用來參與調查，沒關係的。」

「老師之前這麼說，現在學校卻認定小偉霸凌？」怡玲越想越氣，「他們到底有沒有好好調查？」當晚，怡玲輾轉難眠，腦海中不斷浮現小偉被貼上「霸凌者」標籤的畫面，這讓她感到窒息。隔天上

班,怡玲都心不在焉,一有空就開始上網搜尋有關學校霸凌調查程序的資訊,越看越覺得學校的做法有問題。她喃喃自語:「他們根本沒有按照正確的程序來!這樣的結果怎麼能算數?」

下班後,怡玲獨自坐在辦公室裡,憤怒和委屈交織在心頭。她決定要為小偉討回公道。「我不能讓學校這樣隨意給孩子貼上標籤!」她堅定地想:「我要找校長、找教育局,甚至找律師!」要求學校重新調查,要求看到所有的證據和訪談紀錄。她暗下決心:「我一定要還小偉一個清白,絕不能讓他無辜背上這個不白之冤。」

## 毛律師來解惑

當父母得知孩子被學校認定為霸凌行為成立或被同學霸凌時,內心的衝擊往往很巨大。這種震驚、痛苦和不解的感覺,許多家長可能會覺得難以承受。你可能會問自己:「我的孩子怎麼會這樣?我們作為父母到底哪裡出了問題?」這些疑問會讓你陷入自責與焦慮之中。

這種情緒是完全可以理解的,因為每個父母都希望孩子健康成長,並相信自己在做的每一件事都是為了孩子。但當事情發生時,你可能會懷疑自己的教育方式,甚至感到挫敗,這些心情是非常真實且常見的。也許你晚上輾轉難眠,白天工作時腦海中反覆思索,家庭生活因此蒙上陰影。

這個時候，你的情緒也許會轉向對學校和老師不滿，覺得他們不夠理解或處理不當，甚至覺得整個過程對你和孩子不公平。這樣的抱怨和不平之感是人之常情，畢竟沒有父母希望自己的孩子承擔這樣的指控與標籤。

然而，在這個過程中，請記得善待自己，允許自己感到難過和困惑，這些情緒並不是弱點，而是對於身為父母這個角色的深刻投入與責任感的體現。你並不孤單，許多父母在面臨類似情境時，都經歷過這樣的內心掙扎。可以嘗試與其他經歷過類似情況的父母交流，或是找一位心理諮商師談談，有助於釋放你的情緒。

## 用理解與支持取代責備

同時，陪伴孩子一起走過這段艱難的旅程至關重要。你的孩子或許同樣感到困惑、不安甚至恐懼。此時，他們最需要的是父母的理解與支持，而不是更多的責備。透過耐心溝通和共情，讓孩子明白，無論發生什麼，你依然站在他們身邊。這種支持是陪伴孩子走過這段艱難旅程的最大力量。作為父母，學會療癒自己，才能更好地支持孩子。這是你和孩子共同成長的一部分，雖然過程充滿挑戰，但只要彼此相互理解、扶持，你們都會從中變得更堅強。

### 毛律師建議你

在面對霸凌這樣的事件時，我們常常會過度關注它的即時影響，而忽視了長遠發展。事實上，這樣的經歷雖然痛苦，但並不一定會給孩子帶

來永久性的負面影響。讓我們換個角度思考：你還記得自己小時候被記過或受到處分的經歷嗎？那些曾經讓你覺得天要塌下來的事情，對現在的你還有多大影響？

## 一時犯錯，是成長的起點

大多數成年人回顧童年時，會發現那些曾經讓我們驚慌失措的「汙點」，實際上並沒有阻礙我們的成長和發展。相反，它們可能成為了我們學習、成長的重要經驗。同樣的，現在發生在孩子身上的事情，雖然當下看來嚴重，但未必會成為他們一生的包袱，關鍵在於我們如何引導孩子面對和處理這些挑戰。

作為父母，我們需要幫助孩子建立正確的價值觀和處事態度。無論孩子是霸凌者還是被霸凌者，這都是一個教育的契機。我們可以教導他們同理心、責任感、寬恕和自我反省的能力。這些能力不僅能幫助他們度過當前的困境，更會成為他們一生的寶貴財富。

## 建立明確的反霸凌政策

同時，我們也要認識到學校、家庭和社會需要共同努力，才能有效應對霸凌的問題。學校應該建立明確的反霸凌政策，即時介入和輔導。家庭則需要給予孩子情感支持，幫助他們建立自信和韌性。每個孩子都有改變和成長的潛力。即使犯了錯誤，也不應該被永久貼上負面的標籤。相信孩子，給他們改正錯誤的機會，幫助他們從經歷中學習和成長。這不僅是

對孩子負責,也是對整個社會負責的態度。

　　作為父母,面對霸凌事件時,的確會感到痛苦和無助。但你的堅強和支持,是孩子最大的後盾。通過這個艱難的過程,你和孩子都會變得更加堅強、更有智慧。相信未來,相信改變的力量,讓我們共同為孩子創造一個更美好、更包容的成長環境。

## 毛律師幫你抓重點

**家長面對調查結果的行動建議**

| 行動方向 | 具體做法 |
| --- | --- |
| 1 情緒自我照顧 | 接納內在情緒，允許自己悲傷與困惑。可尋求諮商、同儕支持團體或向熟悉的師長傾訴。 |
| 2 理解陪伴孩子 | 避免質問與指責，改以傾聽與支持的語氣開啟對話，建立「一起面對」的親子聯盟。 |
| 3 引導成長契機 | 鼓勵孩子面對錯誤，學習同理他人並承擔修復責任；家長亦可善用學校輔導資源，促進事件的正向處理與未來行為的改善。 |

圖 6-6　家長面對調查結果的行動建議

國家圖書館出版品預行編目資料

律師帶你看校園大小事：老師和家長必知的44個霸凌防制和性平觀念指南/Kitty Mao 毛律師著. -- 初版. -- 臺北市：商周出版：英屬蓋曼群島商家庭傳媒股份有限公司城邦分公司發行, 2025.07
　面；　公分. --（Live & learn ; 133）
ISBN 978-626-390-452-1（平裝）
1.CST: 校園霸凌　2.CST: 犯罪防制　3.CST: 個案研究
527.59　　　　　　　　　　　　　　　　114001607

線上版讀者回函卡

## 律師帶你看校園大小事：老師和家長必知的44個霸凌防制和性平觀念指南

作　　　者／Kitty Mao 毛律師
責 任 編 輯／王拂嫣
版　　　權／游晨瑋、吳亭儀
行 銷 業 務／林秀津、周佑潔、林詩富、吳淑華、吳藝佳
總 編 輯／程鳳儀
總 經 理／彭之琬
事業群總經理／黃淑貞
發 行 人／何飛鵬
法 律 顧 問／元禾法律事務所　王子文律師
出　　　版／商周出版
　　　　　　城邦文化事業股份有限公司
　　　　　　台北市南港區昆陽街16號4樓
　　　　　　電話：(02) 2500-7008　　傳真：(02) 2500-7579
　　　　　　E-mail：bwp.service@cite.com.tw
發　　　行／英屬蓋曼群島商家庭傳媒股份有限公司城邦分公司
聯 絡 地 址／台北市南港區昆陽街16號8樓
　　　　　　書虫客服服務專線：(02) 25007718・(02) 25007719
　　　　　　服務時間：週一至週五上午 09:30-12:00；下午 13:30-17:00
　　　　　　24 小時傳真專線：(02) 25001990・(02) 25001991
　　　　　　服務時間：週一至週五 09:30-12:00・13:30-17:00
　　　　　　劃撥帳號：19863813；戶名：書虫股份有限公司
　　　　　　讀者服務信箱 E-mail：service@readingclub.com.tw
　　　　　　城邦讀書花園 www.cite.com.tw
香港發行所／城邦（香港）出版集團有限公司
　　　　　　香港九龍土瓜灣土瓜灣道86號順聯工業大廈6樓A室
　　　　　　電話：(852)2508-6231　　傳真：(852)2578-9337
　　　　　　Email：hkcite@biznetvigator.com
馬新發行所／城邦（馬新）出版集團【Cite (M) Sdn. Bhd.】
　　　　　　41, Jalan Radin Anum, Bandar Baru Sri Petaling,
　　　　　　57000 Kuala Lumpur, Malaysia
　　　　　　電話：(603) 90563833　　傳真：(603) 90576622
　　　　　　Email：services@cite.my

封 面 設 計／徐璽設計工作室
封 面 插 圖／迷卡漫
電 腦 排 版／唯翔工作室
印　　　刷／韋懋實業有限公司
經 銷 商／聯合發行股份有限公司　電話：(02) 2917-8022　傳真：(02) 2911-0053
　　　　　　地址：新北市新店區寶橋路235巷6弄6號2樓

■ 2025 年 7 月 17 日初版
■ 2025 年 9 月 09 日初版 17.5 刷

**定價／450 元**

ISBN：978-626-390-452-1
版權所有・翻印必究

Printed in Taiwan

城邦讀書花園
www.cite.com.tw